イスラエルとパレスチナ

ユダヤ教は植民地支配を拒絶する

ヤコヴ・ラブキン、鵜飼 哲 訳

写真＝Getty Images

岩波ブックレット No. 1099

本書を仕上げるにあたってD. アモノー氏にご援助いただきました.
刊行者および著者より感謝を捧げます.

ISRAËL ET LA PALESTINE
by Yakov Rabkin

First published 2024 by Éditions i, Paris.
This Japanese edition published 2024
by Iwanami Shoten, Publishers, Tokyo
by arrangement with Éditions i, Paris.

日本語版への序文

本書の日本語版の出版準備が進んでいる今も、イスラエルはパレスチナ人に対する戦争を、主にガザで、だが別の場所でも続けています。植民地主義的なシオニストの夢は一貫して、相互の尊重に基づく共存と平和を求めることよりも、パレスチナ人をまるごと厄介払いすることでした。一一カ月近くもの間、世界が見ているにもかかわらず、イスラエル軍は何十万人もの民間人を、殺害し、障害者にし、飢餓に晒しています。

イスラエルは世界の世論を鼻であしらい、国際司法裁判所を含めて国連を見下しています。イスラエルの不処罰は米国の公然たる共犯が主要な要因です。米国が供給する武器や弾薬がジェノサイド犯罪に使われています。米国の覇権下にある日本を含む他の国々は、ロボットと電子戦争用の機器を含む武器をイスラエル軍に供給しています。この死の氾濫の期間を短縮するという、熱意に欠けた約束は、たいていの場合、その歴代政府が自立的な外交政策を長らく放棄してワシントンに従順に追随してきたこれらの国々の、世論の憤激を懐柔しようとしているにすぎません。

イスラエルがジェノサイドを行えていることに二番目に大きな責任を負っているのはドイツです。ドイツはイスラエル支持を国是に格上げしました。米国の政策がイスラエル・ロビーに牛耳られているのに対し、ドイツはユダヤ人とイスラエル、ユダヤ教とシオニズムの混同に基づいて行動しています。この混同はドイツで、しかしまた他の至るところでも、政治家や共犯的なメディアによって公衆の頭に叩き込まれています。

本書は日本の読者がステレオタイプを振り払い、どうして大勢のユダヤ人がシオニズムを拒絶し、イスラエルを非難しているのか理解する助けとなるはずです。卓越したラビたち、傑出した知識人たちははるか以前から、ユダヤ人国家という思想そのものを、ユダヤ人とアラブ人にとって等しく命取りになりかねないものとして断罪してきました。ユダヤ人国家はさらに、世界にとっての危険でもあります。なぜならイスラエルは核保有国であり、シオニズム・アパルトヘイトの基本原理を放棄するくらいなら、自国も、周囲のすべてでも、破壊することを辞さないでしょうから。

イスラエル軍が犯している蛮行が日々ニュースで伝えられるなか、異常なことが正常になってしまっています。多くの人がこれを受け入れているのは、大量虐殺、民族浄化、ジェノサイド等、どのように形容されようともおぞましいことに変わりはないこの事態を、ユダヤ人の過去の苦難と結びつけているからです。しかし、パレスチナ人を一世紀にわたり虐げてきたことで、犠牲者だったユダヤ人は無慈悲なイスラエル人になりました。日本の市民が国家として、社会としてのイスラエルをよりよく理解することができるようになるのは、現実を見えにくくし、犯行を免罪する不明瞭な概念である「ユダヤ人国家」と、イスラエルをもはや見なさなくなったときです。そのとき初めてイスラエルは、他の任意の国と同様、やったことに即して判断されるようになるのです。

ヤコヴ・ラブキン

二〇二四年八月

シオニストによる植民地化前夜のパレスチナ

一九世紀半ばのオスマン・トルコ領パレスチナはどちらかと言えば平和な辺境の属州で、宗教、種族、言語の異なるさまざまな集団のモザイクでした。当時パレスチナに住んでいたユダヤ人は、信仰心は同じように篤い人々でしたが、いくつかの集団に分かれていました。もっとも重要な違いはアシュケナジ[1]とセファルディ[2]の間にありました。中欧および東欧出身のアシュケナジの生活は貧しく、その大半がヨーロッパと北米のユダヤ人共同体の慈善基金の支援を受けていました。それに対してセファルディはほとんど慈善事業に頼らず、地域の経済によく統合されていました。敬虔な人々でしたが、たいていの場合は学校や病院、その他の外国施設の設立によって西アジアに入ってきた近代に対し、より開かれた姿勢を示していました。アシュケナジが自分たちの間ではイディッシュ語[3]を、他の人々に対してはアラビア語を話していたのに対し、セファルディはラディーノ語[4]とアラビア語を使っていました。アラビア語はオスマン・トルコ領パレスチナに居住し一定の自治を享有していた種族的、宗教的共同体の大多数にとって、共通語の役割を果たしていました。

聖地に住んでいたとはいえ、ユダヤ人は自分たちが追放の身であることを弁《わきま》えていました。〈追放〉はユダヤ教の根本概念です。モーセ五書は〈約束された地〉からの〈追放〉を、ユダヤ人が戒律を破ったことに対する神罰であるとはっきり述べています。しかしそれは単なる地理的追放ではありません。そもそもそのような出来事が起きたとは到底思えません。せいぜいユダヤ人で政治に携わっていた層が追放されたに過ぎません。一世紀のローマの権力者にとって、農民人口が帝国の国庫を富ますために生み出していた収入を失うことにしかならないこの国からの住民の一掃などは、自分たちの利益にまったく反していました。

一九二二年、ほかならぬイスラエルの創設者であるダヴィド・ベン＝グリオン[5]（一八八六―一九七三）その人が、パレスチナ人のフェラヒーン（農業従事者、農民）は、一世紀のユダヤ人の生物学上の子孫であることはほぼ間違いないと断言していたのです[1]。ところがそれから三〇年も経たない一九四七―四八年、難民となったこのパレスチナ人に先祖伝来の土地への帰還を認めることを求めた国連の要請を、彼は断固として拒否しました。彼にとっては、ヨーロッパ出身のユダヤ人入植者が、聖書時代のヘブライ人の正当な相続者という役割において、現地住民に取って替わったことになります。

ラビ・ユダヤ教[6]のなかで〈追放〉と〈贖《あがな》い〉は普遍的な射程を持つ精神的概念です。〈追放〉はある人間集団をその地理的環境外に追い出すことというより、不完全な世界の状態、神の存在との接触の喪失を表しています。これから見ていくように、このことはシオニズム創建の父たちだけにかかわることではありません。彼らの大多数はユダヤ的伝統から遠ざかっていたために、〈追放〉という現象を字義通りの、すなわち地理的な意味に切り縮めたのです。そのとき彼らはこの概念を、ヨーロッパの種族的ナショナリズムに見合った要求、つまり「自分たちの」土地への帰還を言い表すために用いました。一七世紀から「シオニズムという言葉が生まれる以前のシオニズム」が、福音主義的プロテスタントの環境のなかに現れてきていました〔後出一四頁参照〕。この宗派の人々が今日、イスラエルに加担して全世界で活動する恐るべき勢力になっています。一方、一九世紀のパレスチナに住んでいたユダヤ教徒にとって、またムスリムとキリスト教徒にとっても、ナショナリズムは当時、馴染みのない外国思想でした。

ユダヤ人がイスラエルの地と持ってきた関係は、逆説的に見えるかも知れません。この地はユダヤ的アイデンティティにおいて特権的な位置を占めてはいるけれども、シオニズム以前のユダヤ人は、そこに大挙して定住しようとするいかなる努力もしませんでした。イスラエルの政治学者で元外務省局長だったシュロモ・アヴィネリ[7]（一九三三―二〇二三）は次のことを強調しています。

> （…）感情的、文化的、宗教的なその強度にもかかわらず、パレスチナとのきずなはディアスポラのユダヤ人の日常生活をいささかも変えなかった。世界の秩序を変えて自分たちをエルサレムに連れ戻してくれる〈贖い〉を求めて一日に三回お祈りはしても、そこにおもむくことはなかった。[2]

〈1〉 Cf. Shlomo Sand, *Comment le peuple juif fut inventé*, Fayard, Paris, 2008, pp. 260-262.（シュロモー・サンド『ユダヤ人の起源――歴史はどのように創作されたのか』、高橋武智監訳、佐々木康之・木村高子訳、ちくま学芸文庫、二〇一七年、三七一―三七四頁）

〈2〉 Shlomo Avineri, *Histoire de la pensée sioniste*, Jean-Claude Lattès, Paris, 1982, p. 13.

今日戒律を遵守するユダヤ人にとって、メシア的希望は依然として完全無欠なままです。数百万人のユダヤ人が物理的にイスラエルに集住していることは、この希望にまったく影響していません。

そもそも神がアブラハムにした約束には、〈約束の地〉の所有を簒奪する権利などはなんら含まれていません。このことをよく示しているのは、アブラハムが妻のサラを埋葬するための土地の代金を、どうしても支払うと言い募ったことです（創世記23、3－16）。〈約束の地〉の正しい意味は、その約束を受ける者よりもそれを与える者に、その地が属しているということです。それは奪うものではなく、それを受けるに相応しくあるべきものなのです。ユダヤ人の始原の物語は、他の創建の物語とははっきり異なります。ユダヤ人は「自分たち」の土地の民として生まれたのではありません。アブラハムがカナンの地にたどり着いたのは、神の命を受けて、自分の生まれ故郷を離れた後のことでした。「あなたは生まれ故郷、父の家を離れて私が示す地に行きなさい」（創世記12、1）。彼の息子たち、子孫たちは、カナンの地に長く留まらずエジプトに下っていきました。言い換えれば、聖書の物語が強く主張しているのは、ユダヤ人はこの国の「生まれ」ではないということなのです。

ユダヤ教の原典はユダヤ人の起源を、出エジプト[8]とシナイ山におけるトーラー[9]の授受の際に体験した共通の経験に帰しています。この集団はトーラーの戒律に対する誓約によって区別されるのであり、トーラーにはイスラエルの子たちが神の掟を侵犯したり忘却したりするエピソードが多々あるとはいえ、トーラーとの規範的関係が決定的であることに変わりはありません。したがってユダヤ人を伝統的に特徴づけてきたものは地理的同一性以上にこの関係であり、トーラーが規定する戒律を遵守する義務であって、それがユダヤ人を「選ばれた民」にするのです。この概念には内在的な優越性の観念はまったく含まれず、それが意味するのはむしろ、特殊な道徳的、儀礼的な責任です。もちろんこの概念を、優越性を自称するためや、人種差別的な意見を正当化するために転用することは容易です。けれども、ユダヤ的伝統はあらゆる思い上がりに反対してきましたし、まして生まれながらの優越感情などは論外です。例えばプロヴァンスの人でありラビの大権威であるとともに著名な哲学者だったメナヘム・メイリ(10)(一二四九―一三一五)は、非ユダヤ人に対するいっさいの差別を断固として拒絶しました。

ユダヤ教において非ユダヤ人は、存在論的に異なるものと見られた実体ではありません。アダムが人間の共通の起源であるという概念は、タルムード(11)においては世界のなかで敵意を減らす手立てとして称えられています。自分たちの起源は違うと叫べたとしたら、より多くの家族間で紛争が生じただろうということを、タルムードは力説しています。

聖書で強調されているのはトーラーが神に起源を持つということばかりではなく、それがイスラエルの地の外で与えられたということでもあります。モーセ五書によればユダヤ人は、あるいはより正確にはイスラエルの子らは、シナイ山近傍でトーラーを受け入れることによって異なる民として聖化されたのでした。この人々が〈約束された地〉に入るために必要な精神的浄化は、もちろんその地の外で、四〇年荒地を彷徨《さまよ》う間になされるのです。いくつもの注釈が強調するように、聖地がユダヤ人を聖なるものにするのではありません。反対に、ユダヤ人による侵犯はこの地を汚しうるのであり、その場合にはこの地のほうが、彼らを「吐き出すだろう」(レビ記18、28)とされています。フランスの哲学者エマニュエル・レヴィナス[12](一九〇六－一九九五)によれば、〈約束された地〉(la Terre promise)とは、むしろ〈許された地〉(une terre permise)ということなのです。

伝統は聖地との関係を、はっきり条件法の言葉遣いで定義しています。

> あなたたちは、心変わりして主を離れ、他の神々に仕えそれにひれ伏さぬよう、注意しなさい。さもないと、主の怒りがあなたたちに向かって燃え上がり、天を閉ざされるであろう。雨は降らず、大地は実りをもたらさず、あなたたちは主が与えられるよい土地からただちに滅び去るだろう。(申命記11、16－17)

したがって伝統はイスラエルの地を、どんな規則違反もたちまち巨大な規模になる王宮になぞらえることで、聖地で生きることとの深刻な危険を強調しているのです。パレスチナの敬虔なユダヤ共同体の支柱の一人であり、確信的な反シオニストだったラビのヨーゼフ・ハイム・ゾネンフエルト[13](一八四八－一九三二)のものとされるある譬喩《ひゆ》は、メシア的救済への待望を支える論理を次のように説明しています。

神はわれわれをわれわれの罪のゆえに追放された。そして〈追放〉はユダヤの民にとって施療院の役割を果たす。完治する前にわれわれがわれわれの地を管理することなど考えられない。……解放のなかにわれわれが求めるのは完全に治癒することだ。そうならないことを願いたいが、われわれは病人のまま王宮に帰ることを求めない〈3〉。

伝統によれば、イスラエルの地は善行の普遍的効果によって、メシア的計画の枠組みのなかで獲得されるべきもので、その点で地上の権力に訴えてなされた他の二度の獲得（ヨシュアのそれとバビロニアからの帰還に続くそれ）[14]とは異なります。不信者たちが〈聖地〉を物理的に再建するようなことになれば、精神的でもあれば物質的でもある破壊が引き起こされるでしょう。シオニストの創建者たちの大半は無神論者だったのですが、彼らにはイスラエルの民の全体に対し、恐ろしい、先の二度以上にいっそう残酷な〈追放〉を被らせた責任があります。この警告は、ラビたちの言説のなかでしばしば繰り返されてきました。タルムードは、残りのユダヤ人の離散に先立つ、神に帰せられる誓約を伝えています。群れをなし、力ずくで帰ってきてはならない、そして諸国民に対し、反逆してはならない。古典的な注釈家であるモシェ・ナハマニッド[15]（一一九四―一二七〇）は、死ぬ数年前にイスラエルの地に定住するためにおもむき、ジローナのカバラ学者である同僚たちの憤激を買いました。彼らはイスラエ

〈3〉 Joseph Haïm Sonnenfeld, cité dans Aharon Rosenberg (dir.), *Mishkenoth haro'yim*, Nechmod, New York, 1984-1987 (3 tomes), vol. 2, p. 441.

ルの地への定住の禁止を強化するために、タルムードの誓約の完全な実施の必要を力説しました。何世代にもわたり、シオニズムが台頭するはるか以前から、イスラエルの賢者たちはユダヤ人に、〈追放〉のくびきを受け入れるよう厳しく言い渡してきたのです。

シオニストによる植民地化が導き入れた変化をよりよく把握するためには、今日のパレスチナで多数派であるムスリムに、ユダヤ人がどのように言及してきたかを見る必要があります。ユダヤ教についてもっとも多作な米国の専門家の一人であるラビのジェイコブ・ニューズナー(16)によれば、「存在するあらゆる宗教のなかで、イスラームとユダヤ教ほど共通点が多く、相互理解のチャンスに恵まれた二つの宗教は存在しない〈4〉」のです。

モーセ五書では非ユダヤ人との関係は偶像崇拝の観点から扱われていましたが、キリスト教とイスラームが到来したことで、他宗教との関係の新しい概念が導かれました。ユダヤ教の伝統は、キリスト教とイスラームを、「真なる信仰の異なる形」と見る立場に至ります。そしてこれらの宗教に、世界に一神教とメシアの概念が普及するための伝達手段を見ていました。

ユダヤ教の決定機関はイスラームを、偶像崇拝的偏向のない、厳密な意味の一神教とみなし、ムスリムの心は〈天〉を向いていると明言していました。イスラームをよく知っていたばかりでなく、イスラーム治下のエジプトで高位の職についていたマイモニデス(17)によれば、ムスリムは「偶像崇拝者ではない、偶像崇拝ははるか以前に彼らの口と心から離れ去った。彼らは神に固有の一性、疑いのない一性を帰している」のです。したがってユダヤ人は、偶像崇拝的な祈りの家に近づくことは禁じられていますが、モスクに入ることは許されています。

そのうえイスラームの知は、ユダヤ人の学者の大半がアラビア語で著作活動をしていた、ムスリム諸国のユダヤ人の学問的生産に親しく統合されていました。中世ユダヤ教は、文法、哲学、科学など、多くの要素をイスラームから借り受けました。ラテン語とは逆に、アラビア語はラビ文献中で広く用いられていました。概念上の類縁性、しばしば用語上のこともある類縁性の数々が、ユダヤ教とイスラームを結びつけていました。ユダヤ人はアラブの知が（そしてその重要なギリシャ的構成要素が）、ルネッサンス期のキリスト教徒の思想家たちのもとに伝達されるにあたって重要な役割を果たしました。

ムスリムの裁判官たちは、優れた法律家という定評があったユダヤ人の同業者に、いくつかの場合典拠を求めることもあったでしょう。そのうえクルアーンは、ユダヤ教のなかで、聖性の地位を保持していました。イスラーム諸国のユダヤ人はしばしば、アブドッラー、イブラヒーム、イシュマイル、あるいはサリムといったアラビア語の名前を持っていましたが、そこに同化の欲求を示唆するものはありませんでした。そのような考えは、イスラームの地の多元的な状況では非常識なものでした。

〈4〉 Jacob Neusner et al., *Judaism and Islam in Practice*, Routledge, Londres, 2000.

パレスチナ人に対するシオニスト国家の態度

シオニズムの創建者たちは彼らの運動を、正当にもユダヤ史における断絶と見ていました。パレスチナ植民地化のパイオニアたちは、「シオニズム革命」を実現したことを誇っています。ユダヤ的伝統においてイスラエルの地が中心的だったとしても、一七世紀から〈聖地〉にユダヤ人を集めようとしたのはまずはキリスト教徒、ある種のプロテスタントの福音主義諸派でした。彼らがそうしようとした意図は、キリストの〈再臨〉を早めることにありました。キリスト教とのこの深い暗黙の共謀関係によって、今日イスラエル国家が、プロテスタントの福音主義集団が何千万人もいる、米国その他の国々から得ている膨大な支援が説明されます。

ユダヤ人のシオニズムははるかに後年のもので、一九世紀の終わり頃に現れました。最終的に確立された形では、シオニズムは以下の四つの主要な目的を追求する、ヨーロッパ的なナショナリズム運動となりました。①トーラーを中心としたユダヤ人の諸国民横断的なアイデンティティを、他のヨーロッパ諸国民と同様のナショナル・アイデンティティに変えること、②新しい自国語、すなわち聖書とラビのヘブライ語に基礎を持つ国語を発展させること、③ユダヤ人をその出身国からパレスチナに移住させること、④パレスチナに政治的、経済的支配を確立すること。ヨーロッパの他のナショナリズムが自国の政治的、経済的支配のための闘争に集中するだけでよかったのに対し、シオニズムが取り組もうとしたのは、①から③までの目的を同時に実現するという、より大きな挑戦でした。この思想が斬新に、さらには無謀に思われ、当時大半のユダヤ人に忌避されたことは怪しむに足りません。

シオニズムはその発端からユダヤ人の共同体のなかに論争を巻き起こしました。一八九七年の第一回会議は、ドイツ・ユダヤ人の諸組織が自分たちの国でシオニストの催しが開かれることに反対したため、開催地をドイツからスイスに移さなければなりませんでした。この人々は、ユダヤ人の祖国は自分たちが何世紀もの間暮らしてきた国、そのために自分たちが大量に血を流した国ではなく、西アジアのある土地だというシオニストの議論を拒絶しました。多数のユダヤ人にとってこのメッセージは、自分たちが社会に統合されることに憤慨している反ユダヤ主義者たちのメッセージと、当惑するほどよく似ていました。

シオニズムに対するユダヤ人の反対理由は道徳的で宗教的なものでした。〈聖地〉への帰還は日々の儀礼の一部をなしていたとはいえ、この帰還は政治的な、いわんや軍事的な目標などではありませんでした。そのうえタルムードは特記して、メシア時代[18]に先立ってパレスチナに向けて集団で運動を起こすことを、たとえ「諸国民の同意」があったとしても、いっさい禁じています。軍事的暴力に傾斜するシオニズムの企ては、だからこそ多くのユダヤ人に忌避され続けてきたのであり、この人々にとって困惑の種なのです。

漠然とシオニズム的な発想を抱いて入植した最初の人々は、シオニズムが政治的に結晶する以前、一八八〇年代からパレスチナに住み着きました。アハド・ハアムは本名アシェル・ヒルシユ・ギンツブルク[19]（一八五六－一九二七）というロシア・ユダヤ人で、シオニスト界隈で有名な知識人となった人ですが、初期の入植者たちがパレスチナ現地の人々に対して示した残酷な扱いを批判しました。一八九一年にパレスチナを訪れた後、サンクトペテルブルクで公表した記事のなかで、彼は憤怒と憎悪を掻き立てるような入植者の「非難すべき振る舞い」を嘆いています。この入植者の一人は一九〇五年のシオニスト会議でこの観察を認め、彼の同志たちがアラブ人に対して犯した「明白な誤り」を力説しました。「われわれがわれわれの地に入るときには、征服とか強制移住という考えはいっさい忘れなければならない」。ジークムント・フロイト（一八五六－一九三九）は一九二九年のアラブ人の反乱[20]を、「われわれの民の非現実的な狂信」のせいであると考え、土着のアラブ人の住民を一方的に非難する公式声明に署名することを拒みました[21]。他にも多々あったこれらの警告や批判は、シオニストの政策にはほとんど効果がありませんでしたが、フロイトのようにユダヤ的伝統から遠ざかっていた人々の発言も含めて、預言者的伝統が生き延びていたことを証《あかし》するものであり、権力を偶像として崇拝することに対する拒否を体現していたのです。

モーセ五書や、ヨシュア記や士師記《ししき》のようないくつもの預言書には、確かに暴力的なイメージが頻出します。しかしユダヤ的伝統は戦争を称えることからはかけ離れていて、聖書に言及されている勝利の主たる理由を、軍事的偉業ではなく神への忠誠のなかに見ていました。ユダヤ的伝統は暴力を毛嫌いし、ヘブライ語聖書に多く出てくる戦争のエピソードを平和主義的観点で再解釈します。伝統は明白に妥協と調停を重視しています。アルベルト・アインシュタイン（一八七九－一九五六)は、今日権力の座にあるリクード[22]につながる、シオニストの準軍事的な青年運動ベイタールを非難したユダヤ人ヒューマニストの一人でした。彼はこの運動を、「ドイツの青年層にとってヒトラー主義が危険なのに劣らず、われわれの青年層にとって危険である」と考えていました。

イスラエルでも他の地でも、少なからぬ歴史家が、パレスチナでユダヤ人は、シオニストがやってくる前のほうが平和に暮らしていたことを強調しています。第一次大戦時のドイツのオスマン・トルコ軍付士官の証言によれば、「パレスチナに住んでいたシオニストは人口の五％にも満たなかったにもかかわらず、非常に活動的、狂信的で、非シオニストを恐怖に陥れていました。(…)非シオニストは、非常に長い間パレスチナ在住のユダヤ人と非ユダヤ人の間で支配的だった良好な関係が、シオニストの活動によって破壊されることを恐れていましたが、それは理由のないことではありませんでした〈5〉」。実際、シオニストによる植民地化の開始以来、このような混乱に対する恐れが、多くのユダヤ人の心配の種になっていました。

第一次大戦後に多民族帝国が崩壊した結果、こうしたナショナリスト的感情に歯止めがかからなくなり、かくして中欧および東欧に、戦争が終わると新しい国家がいくつも形成されました。大英帝国はそのとき、帝国を維持するばかりでなく、それを中東に拡大しようとして、一九一七年、バルフォア宣言によって「パレスチナにおけるユダヤ人の民族的郷土」という考えに支持を

〈5〉　Cité in Uri Dromi, « Turks and Germans in Sinai », *Haaretz*, 27 sept. 2002.

表明しました。この意味でシオニズムは、ヨーロッパの植民地主義的冒険の一部をなしていたののです。植民地主義には当時、否定的な含意はまったくありませんでした。例えばシオニズム運動の主要な財務機関はユダヤ植民信託と呼ばれていました。

一つならずの意味で、シオニズムはヨーロッパ的な企てであり、その根は東欧・中欧の種族的ナショナリズムにあります。この考え方によれば、ネーションというものはその「自然な」環境で生活しなければなりません。ユダヤ人のナショナリストたちは、ポーランドやウクライナのナショナリズムの排他的側面の影響を受けました。そしてこの影響の重大性は、シオニズム運動とイスラエル社会にとって、今も変わっていません。とりわけ東欧出身のシオニスト活動家たちは、ネーション、宗教、社会、国家をはっきり区別する、寛容なナショナリズムというものをほとんど知りませんでした。こうしたナショナリズムはカナダや米国のような国々の性格を特徴づけるもので、重要なユダヤ人共同体が現在発展しつつあり、シオニズムに対する批判者が多く住んでいます。

英国委任統治期のパレスチナのユダヤ人入植者のなかでも、シオニストの指導者はほとんどもっぱら東欧、とりわけロシア帝国の出身者でした。ナショナリストの企ての成功にとって不可欠な、「世俗的ユダヤ人」という概念が真に結晶したのはロシアにおいてです。東欧で賛同者が増えていったこの新しい概念は、宗教的次元を儀礼面でも道徳面でも捨象して、その生物学的、さらには人種的次元しか保持しませんでした。

シオニズムは、「平和」を至上の価値として提唱する、〈追放〉に依拠する伝統を激しく拒絶します。アヴォート・デ・ラビ・ナタン（八―一〇世紀）では、「力ある勇士とは誰か？　敵を友人にしてしまう人である」[23]と言われています。シオニズムのパイオニアたちにとっては、このアプローチは軽侮の対象です。彼らは自分たちの国家を聖書の物語の続きのように考えています。イスラエル人の多くは、ダビデ王とイスラエル軍兵士の間に、「〈追放〉の時間と同じほど長い橋を架けるという、目眩《めまい》がするような主張」[6]から活力を得ています。何世代ものイスラエル人が好戦的な価値観のなかで育てられ、軍務に就くことを誇りにしています。イスラエル国家の「生存権」はこのようにして保証されているのです。

軍国主義的なこの文化は、一九三〇年代に、当時英国の委任統治下にあったパレスチナにやってきたドイツ・ユダヤ人にとって問題でした。この文化の一つの形をドイツでよく知っていたこの人々は、軍国主義に対して激しい嫌悪を抱いていました。植民地主義と共鳴する種族的ナショナリズム、それに起因するアラブ人の非人間視を、この人々は非常に嫌いました。育ちがよく、しばしば高名な職業人でもあったこの人々は、パレスチナの産業的、文化的発展に多大な貢献をしましたが、シオニズム権力機構内で見かけることはめったにありません。

逆に、ユダヤとアラブの共生運動の隊列にはとりわけ、リベラルな価値観を持ったドイツ・ユダヤ人、アメリカ・ユダヤ人が大勢いました。彼らの多くは、ナチスのアーリア的理想にあまりにもよく似た、強権的で傲慢な新しいヘブライ人のなかに、自身の姿を認めることができません

〈6〉 Elie Barnavi, « Sionismes » in Élie Barnavi et Saul Friedländer, dir., *Les Juifs et le xx*^{e} *siècle*, Calmann-Lévy, Paris, 2000, p. 219.

でした。シオニストのパレスチナでのみ、「非ユダヤ化」がこれほど完全でありうることを嘆いていました。ヘブライ大学の学長で米国人のリベラル派ラビだったユダ・マグネス[24]（一八七七―一九四八）は、パレスチナで何年も生活した後、苦渋をこめてこう指摘しました。「こういう新流行のヘブライ人の間では、ユダヤ人であること、イスラエルの精神に忠実であることは、次第に困難になってきた[〈7〉]」

一九三七年、ユダヤ人がナチスドイツから脱出し、ピール委員会（イギリス王国パレスチナ委員会）のパレスチナ分割勧告[25]が発表された流れのなかで、マグネスは『ニューヨークタイムス』紙に書いていています。「アラブ人の許可があれば、私たちはアラブ諸国に、数十万人のユダヤ人を迎えることができる。（…）アラブ人の許可がなければ、現在パレスチナに居住している四〇万人のユダヤ人も、イギリスの銃剣による一時的な保護があったとしても、いつまでも危険なままだろう。（パレスチナのアラブ、ユダヤ二国家への）分割は、ここに新たなバルカン的状況を作り出すだろう[〈8〉]」

彼の分析が正確だったことは今も証明され続けています。同じことは、政治学者で一九三三年に生国のドイツを離れた、非宗教的なユダヤ人女性であるハンナ・アーレント[26]（一九〇六―一九七五）の分析についても言えます。（ムスリムの、キリスト教徒の、しかしまた少なからぬユダヤ人も含む）地域住民の意に反して、少数派だったシオニストが一九四八年に一方的にイスラエル国家の建国を宣言したことが差別を、何十万人ものパレスチナ人の土地収奪と強制移住を激化させ、酷くなる一方の暴力を生んだのです。差別政策は国家の側でも、準政府機関だったユダヤ国民基金の側でも通例となっていました。一九四八年、アーレントは、一方的な建国宣言によって火蓋が切られた紛争のさなかに書いています。

たとえユダヤ人がこの戦争に勝利をおさめたとしても、（…）「勝った」ユダヤ人は、全面的に敵対するアラブ住民に取り囲まれ、たえず脅威にさらされた境界線のなかに引きこまれ、（…）物理的な自衛に専念して暮らすことになるだろう。（…）そしてこれらすべては――どれほど多くの移民をまだうけいれることができ、また、その境界線をどこまでひろげたとしても（…）――依然として敵対する隣人のほうがはるかに数が多い、ひじょうに小さな民族でしかない国民の運命であろう。〈9〉

そういう言葉を使ってはいませんが、彼女は事実上すべての入植植民地主義(27)が行き着く先をはっきり指摘しているのです。

〈7〉 Judah Leon Magnes cité in Elmer Berger, *Judaism or Jewish Nationalism: The Alternative to Judaism*, Bookman Associates, New York, 1957, p. 32.
〈8〉 *The New York Times*, 18 juillet 1937.
〈9〉 Hannah Arendt, «To Save the Jewish Homeland» (publié en mai 1948), dans *Jew as Pariah*, Grove Press, New York, 1978, p. 187.（ハンナ・アーレント「ユダヤ人の郷土を救うために――まだ時間はある」、『アイヒマン論争――ユダヤ論集2』、山田正行訳、みすず書房、二〇一三年、一二二頁）

アーレントのほかにも、哲学者のマルティン・ブーバー(28)(一八七八－一九六五)、教育者のエルンスト・ジーモン(29)(一九〇〇－一九八八)、物理学者のアルベルト・アインシュタインのような、ドイツ出身のユダヤ人の著名人たちは、ユダヤ人のための分離国家という考えに反対しました。一九四八年、シオニストの脅迫を受けたマグネスは、職を辞して米国に戻りました。大学への惜別の辞のなかで彼は、世界中のユダヤ人、しかしとりわけ米国のユダヤ人が、「自分たちの規律に誰彼かまわず、必要な場合には力ずくで、暴力に訴えてでも従わせようとするシオニスト全体主義に屈服している〈10〉」ことを嘆きました。

実際、この全体主義的潮流は、今も息切れを起こしているようには見えません。元駐仏イスラエル大使で歴史家のエリ・バルナヴィ(30)は、「『イスラエル第三王国』の夢は全体主義にしか行き着かない」と警告しています。イスラエルの政策のいくつかを問題にすることは許容されても、ユダヤ教の立場からのシオニズム批判はどんなものであれ、さらには過去にこの種の批判をあえて提出した者は誰であれ、正当性を否定されてしまいます。共同体の活動からのこの人々の排除は徹底的です。二〇二三年にイスラエルがガザで殺戮的な軍事行動を開始して以来、親イスラエル陣営は、異議を唱えるどんな言説に対しても甚だ攻撃的になりました。こうした批判言説は、この人々の眼に映ると、ただちに反ユダヤ主義と断定され、発言権のないものとされてしまいました。この人々にとってシオニズム至上主義は、どんな代価を払っても守らなければならないのです。

しかしながら多くの敬虔なユダヤ教徒にとって、イスラエルの地で政治権力を放棄することは、ユダヤ教の不可欠な構成要素なのです。ユダヤ的伝統の支持者たちは強調しています。

私たちが〈追放〉の状態にあるのはハガナ（イスラエル国防軍の前身の準軍事組織）がないからでもなく、道中私たちを導くために、ヘルツル[31]やベン＝グリオンのような政治指導者がいないからでもない。逆に私たちは、（このような指導者を）持ってしまったからこそ、彼らに付き従ったからこそ追放されているのだ。救済が彼らの仲立ちで到来するものでないことは確かである。〈11〉

当初は反宗教的だったシオニズムは、宗教用語を政治目的に転用しました。こうして〈アム・イスラエル〉、「イスラエルの民」は、トーラーに対するその関係によって定義されていたものが、シオニズムの用語法では、種族や民族性を参照するものとみなされることになります。これに対し、卓越したヨーロッパのラビであるイエキエル・ヴァインベルク[32]（一八八四－一九六六）は力説します。「ユダヤ的民族性は他のすべての民族とは異なり、もっぱら精神的なものであり、その精神性はトーラー以外のなにものでもない。（…）この点でわれわれは他のすべての民族と違うので

〈10〉 Judah Leon Magnes cité in Jack Ross, *Rabbi Outcast: Elmer Berger and American Jewish Anti-Zionism*, Potomac Books, Washington (DC), 2011, p. 81.
〈11〉 Israel Domb, *The Transformation: The Case of the Neturei Karta*, Hachomo, Brooklyn, 1989, p. 20.

あり、それを認めない者は誰であれ、ユダヤ教の根本原理を否定することになる」〈12〉

今日、パレスチナ人の大多数はムスリムです。ユダヤ教徒とムスリムの関係は一五世紀の間にいくつかの段階を経てきましたが、イスラエル国家の数十年ほどの存在は、この文脈ではさして重要ではありません。最近の事柄だということが一方にあり、他方ではまた、シオニズムという企てとイスラエル国家を導入し支配してきたのが、大多数が公然と非宗教的なユダヤ人だったからでもあります。このことから、彼らの行動がムスリムに対するユダヤ教の態度を代表すると考えてはならないでしょう。

イスラエルでも他の場所でも、多くのユダヤ人が、彼らが信奉すると主張しているユダヤ教と、彼らを人質にしたシオニズムのイデオロギーの間の矛盾を解決しようとしてきました。イスラエルでは新しい形のユダヤ教が根を張っています。国民ユダヤ教、ヘブライ語では〈ダティ・レウミ〉といいます。ユダヤ人のなかには、この新しい信仰によって前述の矛盾を鎮め、彼らのシオニストとしての社会参加に、宗教的意味合いを付与している人々もいます。

そのもっとも熱狂的な信奉者のなかには、パレスチナ人との妥協点を見出そうとしたイツハク・ラビン首相の暗殺犯〈33〉がいますし、イスラエル政府の高官もいます。後者のなかには、過去にテロリズムで有罪になった者もいます。国民ユダヤ教は、民兵組織のメンバーでもある多くの入植者のイデオロギーでもあり、ガザに対する戦争の開始以来、ヨルダン川西岸地区のパレスチナ人に対する嫌がらせ、土地強奪、殺害などの活動を激化させています。銃で武装したこの活動家たちは、イスラエル軍が戦車、爆弾、ロケット砲で行っていることを補完して得意になっているのです。

現代のユダヤ教のなかで、非ユダヤ人の扱いに関する議論が再燃しています。イスラエルで国民ユダヤ教を信奉する人々は、現行の種族支配を強化するために、非ユダヤ人は異なった扱いを受けて然るべきだということを強調します。それと同時に、多数のユダヤ人が、シオニスト的な目的のために、ユダヤ教の原則がねじ曲げられていることに抗議しています。イスラエル／パレスチナ間の暴力が、ユダヤ人とムスリムがお互いに相手をどう見るかということに悪い影響を与えていますが、どちらかといえば調和的だった過去数世紀の共生の長い経験が暗黒に包まれてはなりません。イスラエルが体現しているのは数千年の間に発展してきたユダヤ教よりも、一九世紀末に形成された東欧の種族的ナショナリズムなのです。

〈12〉 Jehiel Jacob Weinberg cité in Marc Shapiro, *Between the Yeshiva World and Modern Orthodoxy*, Littman Library of Jewish Civilization, Londres, 1999, pp. 98–99.

ユダヤ教の拒絶と新しい人間の形成

シオニズムの例外的な性格は、昔から、あるいは今も、ユダヤ教の信仰に従っているということだけが共通の、世界中に四散したばらばらの集団から、一つの新しい民を作らなければならないことに由来します。シオニストはヨーロッパ型の民族感情を仕立て上げ、これまでそれと疎遠だったユダヤ人の間に広めるばかりでなく、自分たちに共通の言語を提供する必要もありました。他のナショナリズムと違い、アフリカ、オーストラリア、南米・北米のヨーロッパ植民地を真似た入植植民地を西アジアに打ち建てるために、非常に多様な集団から入植者を形成しなければなりませんでした。シオニズムの企ては最後の、時代錯誤的な企てであり、イスラエル国家が建国されたとき、入植植民地はほぼ至るところで挫折していたのです。北米の清教徒と同じように、シオニストは自らの道徳的優位性を信じ込み、自分たちは「家郷」に、約束の地にたどり着いたのであり、原住民(「野蛮人」「原始人」等)は始末しなければならない部外者とみなしていました。

ただし、二〇世紀初頭のユダヤ人の大半は、ヨーロッパ的な意味で一民族、一人種に自分たちが属しているとは考えていませんでした。このような概念には、明白に反ユダヤ主義の匂いがしていました。シオニズムと反ユダヤ主義のこのつながりは偶然ではなく、今日も現れ続けています。反ユダヤ主義者はユダヤ人を厄介払いしたいのであり、シオニストはユダヤ人を、この人々の出身国から移民させて、パレスチナに住み着かせたいのですから。

ユダヤ的伝統の歴史的感受性と、ヨーロッパのロマン主義的ナショナリズムに着想を得たシオニストの感受性の間には、このように巨大な溝が広がっています。ですから一九二〇年代、三〇年代に、パレスチナのラビの権威者たちがアラブ人の指導者たちと、自分たちだけ分離して合意を結ぼうとしたことは驚くに当たりません。イスラエル国家の樹立という、シオニストの事の進め方のために勃発した一九四八年の熾烈な戦闘の間、この人々は白旗を掲げてシオニズムに反対するデモを行いました。

シオニストはこの人々を裏切り者と非難しました。そもそもそれよりかなり前の一九二四年に、シオニストはユダヤ人の弁護士ヤコブ・デ・ハーン[34]（一八八一―一九二四）を暗殺しましたが、それは彼が、当時大半が反シオニストだった超正統派と、アラブ人の名望家の間の協力を促進したという「罪」のためだったのです。デ・ハーンの目的は、シオニストは活発だが少数派に過ぎないことを英当局に示し、パレスチナに「ユダヤ人の民族的郷土」を創建するという計画を、英国政府に破棄させることでした。デ・ハーンはシナゴーグから出てきたところを射殺されました。この暗殺がパレスチナにおける政治的テロリズムの幕開けになりました。

この暗殺はまた、筋骨逞しい、独立不羈《ふき》で大胆な、新しいヘブライ的人間の急速な発展にとっての画期にもなりました。シオニストは当初から、伝統的なユダヤ人とユダヤ教を軽蔑していました。というのも彼らは、一つの新たな種を創造しようとしていたからです。彼らは自分たちが夢見たもっとも大胆な期待を、はるかに超える成功を収めました。イスラエルは戦争に動員された社会と、高度なテクノロジーを備えた凄まじい戦争機械を構築しました。イスラエル社会が右傾化するにつれて、世界中で右翼過激派、反ユダヤ主義者を含むレイシストの、イスラエルに対する非常に広範な支持が確固たるものになりました。こうした支持者たちには、米国の白人至上主義者や、インドのヒンズー・ナショナリストも含まれます。

右旋回はイスラエル社会に根づき、一〇月七日以降は激化の一途をたどっています。この国の青年層の政治的方向性は、富裕国中で例外のように見えます。若い世代ほど、イスラエル人はより戦闘的、より反アラブ的になっています。他の国々では、若いユダヤ人は親よりも保守的ではなく、社会的正義と政治的平等の思想を受け入れていますが、それに対しイスラエルの若いユダヤ人はこの傾向に背いています。一つの例がこのことを雄弁に語っています。テルアビブのある学校の女性の校長が、イスラエル人は軍がガザで行っている大規模な破壊について知るべきだと主張する、イスラエルの新聞『ハアレツ』紙の記事を生徒たちに読ませました。彼女はまず解雇され、その後労働裁判所で勝訴しましたが、学校に戻ると生徒たちから「裏切り者、帰れ」という罵声を浴びせられたのです。

イスラエルの教育は戦士的な価値と、もしイスラエル国家が第二次世界大戦前に存在していたら、ナチスによるジェノサイドは起きなかっただろうという信仰を教え込みます。イスラエル社会がナチスによるジェノサイドから引き出すよう求められる教訓は単純です。かつてユダヤ人は弱かった、われわれは強くなければならない、ということに尽きます。非アラブ人多数派の、壊れやすい団結を維持しているものは恐怖なのです。包囲されているこの人々の心性はたいてい、ナチスによるジェノサイドが繰り返されることを阻止する決意を固めた、高潔な自己像を差し出します。このヨーロッパの悲劇の記憶が、シオニストの大義に都合よく、ユダヤ人を動員する道具になったのです。その政治的有用性は、もはや使い果たされたとは到底言えません。

イスラエルの愛国主義を助長するためにナチスによるジェノサイドを参照することは、一度たりとも止んだためしがありません。ダビデの星を付け、ジェノサイドの生存者の子孫が操縦する三機のイスラエルのF-15戦闘機が、ナチスの絶滅収容所跡の上空を飛び、アウシュヴィッツに隣接する死の収容所ビルケナウから、二〇〇人のイスラエル兵がこの飛行を見届けました。イスラエル人パイロットの一人の発言は、軍事力に対する信頼を強調しました。「これは私たちにとっての勝利です。六〇年前、私たちには何もありませんでした。国も、軍隊も、何も」〈13〉

だからハマース(35)が、広くはすべてのパレスチナ人が、よくナチス呼ばわりされるのも驚くに当たりません。公立学校では、「アラブ人」を敵として戦う戦士の模範が推奨されています。そもそも「パレスチナ人」という言葉は一般に避けられていて、「アラブ人」という言葉のほうが好まれます。イスラエル人同士の会話のなかでこの呼称によって強調されるのは、先住民の帰属先はパレスチナよりもアラブであり、アラブ人には二十数カ国もの国があるではないか、ということなのです。「連中はわれわれを困らせたりしないで、なぜあの国々に住み着かないのか?」。イスラエルではこんな言葉が、しばしば聞かれます。

〈13〉 Katarzyna Mala, « *Israeli Warplanes over Auschwitz* », Reuters, 4 septembre 2003.

教育体系は兵役を称揚して、兵役を熱望に、そして大人になるための通過儀礼に変えます。イスラエルの政治学者たちは、公民宗教は究極の犠牲を受け入れることをその信者に義務付けながらも、究極の意味とは何かという問いの答えにはならないと強調してきました。イスラエルの公民空間はなによりも先に、「祖国のための死」に結びつけられているのです。

ヨーロッパの遺産——暴力と無力

ユダヤ人はローマの時代からヨーロッパにいました。ユダヤ人がいわゆる土着の住民より前からいた場合もしばしばありますが、だからといって、多数派住民の迫害から守られたわけではありません。ユダヤ教に対する反感は、ユダヤ人を神殺しと非難することで、キリスト教徒を選ばれた民として、ユダヤ人に置き換えようとした教会の教えによって煽り立てられました。

シオニズムが主要な力を汲み上げることになる中欧、東欧では、二〇世紀初頭に支配的だったのは、往々にして不寛容な、排他的で好戦的な、民族を有機的な一体とみなすナショナリズムでした。ヨーロッパのこの部分では民族の復興は、とりわけ正規の民族集団に属さない人々からの犠牲を要求し、それをむしろ当然の義務とみなしていました。東欧諸国でユダヤ人は、強烈で広範な反ユダヤ感情に直面しました。そのために、シオニズムとパレスチナへの移住という展望が東欧のユダヤ人を、とりわけ米国が一九二四年にこの人々に門戸を閉ざして以降、いっそう引きつけるようになったことは驚くに当たりません。

帝政ロシアにおけるユダヤ人抑圧は、ヨーロッパの他の国々より激烈でした。大半のユダヤ人は、帝国の西部国境付近の定住地区に押し込められていました。産業化が開始され加速化した一八六〇年代以降、ユダヤ人の経済状況は悪化しました。それと同時に、多くの若いユダヤ人が大学で学ぶようになり、西欧をモデルとした解放を希求するようになりました。

この希望の光が微かに見えた時期に、激しい暴動の波がロシアのユダヤ人に襲いかかったのです。一八八一年、皇帝アレキサンドル二世がサンクトペテルブルクで暗殺されると、一連のポグロム[36]が起こり、ユダヤ人住民の安全に対する不安が増大しました。殺されるかもしれないという恐怖は一八八一年の暴動の際に高まり、一世代後の一九〇三年のキシナウの虐殺[37]でさらに強まりました。非ユダヤ人の隣人に、いつなんどき殺され、レイプされ、略奪されるか分からないという恐怖が定着してしまいました。

二〇世紀初頭のポグロムは過激化を助長しました。ロシア・ユダヤ人の多くにポグロムが引き起こした衝撃、憤怒、遣り場のない不満は、体制に対して徹底的な暴力の行使を唱道する非合法の過激な政党に、よりいっそう引き寄せられていきました。ロシアの反体制運動はユダヤ人で溢れました。ニヒリズムと人命軽視の風潮が、今もその影が世界に重く垂れこめる、政治的テロリズムを生んだのです。

シュロモー・アヴィネリがシオニズムの知的歴史を語るなかで強調しているように、シオニズム運動は「歴史の世俗的サイクルのなかで神の取りなしで生ずるとされる、メシア的救済に対する宗教的信仰の静寂主義からのはっきりとした断絶を示す」ものです。〈14〉ユダヤ人が暴力に対して覚えていた嫌悪が、わずか一世紀の間に、ある者たちにおいては挑戦的で攻撃的な軍国主義に変わってしまったのです。ロシア人の作家でムッソリーニの礼賛者だったヴラジミール・ジャボティンスキー[38]（一八八〇―一九四〇）は、現在ベンヤミン・ネタニヤフ[39]が率いている政治運動の創設者ですが、ポグロムのすぐ後にこう書いていました。「これまで耐えてきたすべてを超えて生き延びるには強くなくてはならない。（…）自分の力の中にしか慰めは見つからない」[15]

ロシアの信心深いユダヤ人家庭の出身である詩人のヨセフ・ブレンナー[40]（一八八一－一九二一）は、ユダヤ的伝統に激しく反発しました。彼はユダヤ教の祈りの書のもっともよく知られた章句、子供たちに教える最初の章句の一つであり死ぬ前にユダヤ人が唱える最後の章句である「聞け、おおイスラエルよ、神はわれらの主、神は一なり！」を根本的に書き換えました。「聞け、おおイスラエルよ、目には目をではなく、目一つには目二つを、どんな辱めにも奴らの歯のすべてを！」[16]。彼はジャッファでパレスチナ人との衝突の際に非業の死を遂げましたが、彼がその礼賛者となった復讐の精神は彼の死後に生き残ったのです。

ヨーロッパ内外の他のユダヤ人共同体に暴力の行使を受け入れたところはありません。一九〇五年の革命前夜のこの過激化の後遺症が、イスラエルの政治的現実に今も影を落としているのであり、その基礎と構造は相変わらず昔日の東欧の概念と現実を反映しています。シオニズムのパ

〈14〉 Shlomo Avineri, « *Zionism and the Jewish Religious Tradition* » in Shmuel Almog et al., dir., *Zionism and Religion*, Brandeis University Press et University Press of New England, Hanovre, 1998, p. 3.

〈15〉 Vladimir Jabotinsky cité in Joseph B. Schechtman, *Fighter and Prophet*, Thomas Yoseloff, New York, 1961, p. 297.

〈16〉 Yocef Hayim Brenner, **הוא אמר לו** (*Il lui a dit*), J. Narditsky, Londres, 1919, p. 7.

イオニアたちは当初から、昔日のロシアの常套的観念をパレスチナの現実に投影してきました。アラブ人の脅威は殺戮的なポグロムの影としばしば同一視されてきました。しかしこのパイオニアたちはまた、武器を手に入れて彼らの入植地の防衛の責任を引き受けることで、異邦の領土に身を置くあらゆる植民者と同じ行動をしているのです。

第二次大戦後にヨーロッパのユダヤ人が大量にパレスチナにやってきたのは、大部分が北米の移民制限政策と、シオニストの工作員たちの策動の結果です。彼らは強制移住者用の収容所に詰め込まれ、絶望のどん底にあったヨーロッパの生き残りのユダヤ人たちを、説得、脅迫、さらには暴力によって、イスラエルに出発するよう強要しました。この移民の殺到とナチスによるジェノサイドのシオニスト的解釈が合体して、大きな力を備えた偽物の道徳が生み出されたのです。それはラビ的伝統がユダヤ人を、物理的な力は弱くとも神に対する信頼は強靱な存在として提示してきたことの裏返しと言えるでしょう。シオニスト流の考え方では、自己と武器に対する信頼が、神に対する信頼に取って代わったのです。

一〇月七日の攻撃に至るまで

イスラエルが世界で一番最近の入植植民地であることを想起しましょう。ローデシアとアルジェリアはもう遠い記憶でしかありません。南アフリカは公然の人種隔離政策から自らを解放しました。南米・北米とオセアニアの入植者たちは一九世紀に先住民に対するジェノサイドの罪を犯しましたが、イスラエルはずっと遅く、ようやく一九四七年になって大規模な民族浄化に手を染めました。この民族浄化の記録をまとめたイスラエル人の歴史家ベニー・モリス(41)のように、シオニストが、地域住民の大半を始末した米国、アルゼンチン、あるいはオーストラリアの白人のように、仕事をやり遂げなかったことを残念がる者もいます。一方今日のイスラエルは、〔占領下のパレスチナ自治区を含めると〕ほぼ同数のパレスチナ人とユダヤ人を支配していますが、パレスチナ人の大多数〔イスラエル市民ではない自治区住民〕は政治的権利を持っていません。イスラエルや他の国の定評のある人権団体は、イスラエルがアパルトヘイトの一形態を実施しているという結論に達しています。

イスラエルのアラブ系市民と非アラブ系市民の格差は顕著です。非アラブ系市民の平均収入はアラブ系市民の三倍です。イスラエル市民の二〇%を構成するパレスチナ人は、土地の三%しか所有していません。この格差は教育や健康に対する支出の面でも見られます。幼児死亡率は、一二歳以下のアラブ人の子供では二倍も高いのです。

労働党はかつて、パレスチナにおけるシオニズム運動の支配的潮流でした。労働党員のなかには、社会主義的な信念と入植植民地の現実の間で、辻褄を合わせるのに苦しんだ人もいます。しかし大半の労働党員は、現地住民を排除して、分離した社会を建設する仕事に邁進しました。そのために、シオニズム政治史の泰斗である故ゼエヴ・ステルネル[42]（一九三五―二〇二〇）は、国民社会主義（national-socialisme〔ナチス〕）の忌まわしい記憶と区別するために、「国民主義的社会主義」(socialisme nationaliste)という言葉をわざわざ作り出さなければなりませんでした。彼が強調したのは、社会主義は、種族的かつ排他的なナショナリズムに駆り立てられたベン＝グリオンと彼の同志たちの手中では、もはや道具以上の何ものでもなかったということです。パレスチナ難民が自宅に戻れるようにすべきであるという国連の要請を拒絶したのは、権力の座にあった労働党だったことを想起しましょう。彼らはまた、パレスチナ人を一八年間軍政の下に置いて、収奪を行う一連の方法を仕上げました。それでも、進歩主義的言説を操ることに長けていた労働党は、社会主義インターナショナルの支持を取り付けたのです。

一方、一九七七年以降、いくどか中断はあったものの、ほぼつねに政権を握ってきた民族主義右派の議員たちは、「お上品に」事に当たったりはしません。二〇二二年一二月にネタニヤフ政権に入閣する以前、極右は自分たちの意図を隠していませんでした。自分たちの要求を開陳し、いずれそれが実行されるだろうと請け合っていました。行政権と立法権の司法によるコントロールを弱めるというネタニヤフ政権の公約が大衆的なデモを引き起こしたのに対し、パレスチナ人を標的にした唖然とするような極右の提言[43]は、社会の暗黙の合意に依拠していたため、ほとんど波風が立ちませんでした。

「ファシズム」という言葉はもはや、政治闘争の現場で投げつけられる罵倒語であるばかりではありません。後にイスラエル大統領になるイツハク・ヘルツォーク[44]は数年前、「ファシズムはわれわれの社会の周縁部に害を及ぼしている」と警告していました。主流の政治家たちも同じ懸念を表明していましたが、現在の財務相ベザレル・スモトリッチ[45]は二〇二三年一月に、自分は「ファシストで同性愛嫌悪者だ」と高らかに宣言しました。ヨーロッパ史は、種族的ナショナリズムが容易にファシズムに向かって道を踏み外すことを示しています。シオニズム左派というのはそもそも政治的に辻褄の合わない言葉ですが、今やイスラエルの国会にほとんど代表者がいなくなり、末期的な状態です。

ところが二〇二四年一月、国際司法裁判所においてジェノサイドの罪で告発されたイスラエル政府は、弁論を準備するなかで、元イスラエル最高裁長官のアアロン・バラク[46]をハーグに派遣しました。進歩的シオニズムに連なるこの人物は、もちろんこの同じ政府によってその司法活動のために罵声を浴びせられてきたのですが、政治的右派が彼を信用したのは、イスラエルでは左派として通用していても、断固たるシオニストに変わりがないことを彼らが知悉《ちしつ》しているからです。

イスラエルは国境のない国家です。地理的な面では、この国家は軍事的征服と植民地化によって拡大してきました。シオニズム運動と歴代のイスラエル政府は、おおいに骨を折りながら、自分たちの国家の境界をどう考えているか、絶対に定義しないよう努めてきました。イスラエルの情報機関と軍隊は、国境などまったくお構いなしに、隣国であれよそであれ、思いのままに標的を襲撃してきました。

国境がないというこの性格は、イスラエルは自国の市民よりも全世界のユダヤ人に属しているというイスラエルの主張にも現れています。このことの結果として、世界中のユダヤ人団体が、公然とイスラエルの代理人に転化するという事態が起きました。これらのイスラエルの代理人が、米国のＡＩＰＡＣ(米国・イスラエル公共問題委員会)のように、学校の評議会からホワイトハウスまで、あらゆるレベルの米国の選挙で、イスラエルの利益が揺るがないように工作しているのです。そのうえイスラエルは、シオニスト国家の好戦性にときに密かな不安を抱かざるを得ない行政府に、無条件に親イスラエル的な議会を対抗させます。明々白々なこの政治的内政干渉はしかしながら、中国やロシアの内政干渉とされるものに比べ、大衆メディアの批判を受けることはほとんどありません。イスラエルは米国以外の国々の内政にも、干渉する権利があると思っています。

イスラエルのパレスチナ人市民は、徹底的な差別に直面しながらも、かろうじて投票権は持っています。しかし、この人々の親族であるヨルダン川西岸の女性たち、男性たちは、同時にイスラエル軍、その下働きと化したパレスチナ自治政府、そして武装したシオニスト入植者の抑圧の下に呻吟しています。裁判抜きの恣意的拘束、収奪、道路封鎖、イスラエル人用と非イスラエル人用に分離された道路、令状なしの家宅捜索、そして死が、西岸ではいよいよ頻繁になっています。

ところが、「世界最大の屋根のない牢獄」に閉じ込められたガザのパレスチナ人たちの運命は、これよりもさらに苛酷《かこく》でした。平和的なデモすらも、柵の向こうからイスラエル兵に発砲されて死者が出ていました。生産労働は乏しく、将来の展望はまったくありませんでした。二〇〇七年以降、ガザの住民たちは、想像を絶する悲惨な状態で生きる「無期囚」であると言われてきました。住民の八〇％が国際援助に依存し、水は配給制、電気は一日二時間しか供給されず、食糧不足は慢性的です〈17〉。圧力鍋は爆発寸前でした。二〇二三年一〇月七日、ついに爆発は起きました。

〈17〉 Denis Sieffert, « Les désastres d'une mémoire sélective », *Politis*, n° 1794, 25–31 janv. 2024, p. 13. Cf. Jean-Pierre Filiu, *Histoire de Gaza*, Paris, 2015.

復讐とイスラエルの存続

ガザの破壊を正当化する論理の大元が、ナチスによるジェノサイドについてのシオニスト的解釈であることを私たちは知っています。イスラエルの主流の言説によれば、パレスチナ人の置かれている事情は、ナチスがユダヤ人憎悪に駆り立てられていたのと寸分違わないことになるのです。一〇月七日の攻撃は、この論理では、生来の敵意によってしか説明されないでしょう。他のどんな説明も受け入れられず、二〇〇六年以来イスラエルがガザを窒息させてきたことを指摘したり、さらには一九四七–四八年のナクバ(47)や、イスラエル社会の当初からの特徴であるアパルトヘイト体制をあえて語る人々は、沈黙を強いられ、さらには迫害されることになります。ただ一日でハマースに殺されたユダヤ人の数が、ナチスによるジェノサイド以来最大であることをイスラエル人が強調するとき、この陰惨な比較が示唆しているのは、この虐殺がいずれも言われなき憎悪以外では説明がつかないということです。このものの感じ方は、悲劇の後には「汝ら自身の行動を吟味せよ！」と主張するユダヤ教の知恵とは共通するものがありません。

「原住民の平定」は一〇月七日以降激しさを増しましたが、イスラエル国家のパレスチナ人に対する政策の性格が変わったわけではありません。イスラエルの〈ハスバラ〉(広報政策、あるいはプロパガンダ)はハマースの攻撃を強調しますが、これは二〇〇一年九月一一日のニューヨークとワシントンへの劇的な攻撃を突き付けて、中東でいくつもの戦争遂行を正当化した米国の言説に倣ったものです。ところが、このいずれの場合にも、ハマースとアルカーイダはそれぞれ、一方はイスラエル、他方は米国の支援を受けて形成された組織なのです。そうでありながら、イスラエルと米国の多年にわたる政策に激しい反応を示したのでした。それはしばしば「深い原因」と呼ばれるもので、とりわけイスラエルの場合には、二〇〇万人以上の人々に、食糧、水、医薬品、建築用資材等の入手を、一六年前から徹底的に制限したガザ封鎖がそれに当たります。イスラエルはエジプト当局と共同で、陸・空・海からの人と物資の出入りを管理しています。けれども、パレスチナ人の鬱積した怒りと絶望という深い原因は、イスラエルおよび西洋の主要メディアにはほとんど現れません。あたかもすべては二〇二三年一〇月七日に始まったかのようです。

　パレスチナ人の状況に関する言説の管理はさまざまな仕方でなされていますが、依然としてことのほか効果的です。反ユダヤ主義という非難の亡霊が、ジャーナリストの仕事に重くのしかかります。ジャーナリストの言説、さらには用語法が、イスラエルによって特権化された基準をあまりに大きく逸脱する場合には、彼ら、彼女らのキャリアに差し障りが生じかねません。このような逸脱を予防するために、例えばテレビ局CNNは、イスラエルとパレスチナの出来事や、さらには世界の他地域におけるその反響を報道するジャーナリストたちに、自分たちの原稿をCNNのエルサレム支局のチェックにかけることを義務付けています。このシステムは〈エルサレムの第二の眼〉として知られています。こうしてCNNの報道がイスラエルの主流の言説と合致することが保証されるばかりでなく、イスラエル軍が行う軍事上の検閲指令までが尊重されることになるのです。ＣＮＮはときおりイスラエル軍の報道官事務所の元職員を、ジャーナリストとして雇用しています。

イスラエルはハマースによる二〇二三年一〇月七日の攻撃を国の存亡にかかわる脅威として提示しました。もちろん、どれほど大胆で乱暴でも、一回限りの襲撃にそのような危険はありません。しかしハマースはイスラエル市民たちの、自分たちを保護してくれる軍隊の能力に対する信頼を揺るがしました。このことは、ユダヤ史の頂点であり長年の安全の欠如の終わりとみなされたシオニスト国家に対する、イスラエル人の関係をさらに掘り崩すものです。若干の例外を除き、イスラエルの住民たちは、すべてのガザ住民を恐怖に陥れ、さらには追放し絶滅するという断固たる意志をもって反応しました。二〇二三年一二月、パレスチナ人の間に、その三分の二以上が女性と子供である一万八〇〇〇人の死者を出した絨毯爆撃の後に、五七％のイスラエル人(この数字にはイスラエルのパレスチナ市民は含まれていません)が、ガザに対してイスラエル軍が展開した兵力を「不十分」とみなしました。大量で無差別の爆撃は、冷静で戦略的な反撃というよりも、復讐の行為なのです。

ガザの壊滅は入植植民地としてのイスラエルの性格、自らが行ってきた排除と抑圧のあげく、自ら墓穴を掘った国という姿を明らかにしました。イスラエル国家のこの行いを嘆いているユダヤ人は大勢います。この行いがユダヤ教の教えのすべてに、とりわけ慎み、共感、親切という、その基本的価値に反するからです。この人々は、一世紀以上前にシオニズムを拒絶したユダヤ人たちが、実際にはユダヤ人の大半が、おそらく正しかったのだということを理解しました。

イスラエルが世界のすべてのユダヤ人の国家であると主張する場合、イスラエルはそのユダヤ人たちを自国の政策や行動の人質にしているのです。ユダヤ人共同体の諸組織がイスラエルのどんな行動も無条件に支持する場合、これらの諸組織はユダヤ人の代表というより、この国家の代理人として動いているのです。より正確に言えば、これらの諸組織は、そのアイデンティティが主として政治的なものとなったユダヤ人を代表しているのです、この国家のすることが正しいか否かにかかわりなく、イスラエルを信じている人々を。

この遠隔地「イスラエル主義」は、伝統的なユダヤ人アイデンティティに、この新たなアイデンティティのほうがはるかに要求が緩い分、それだけいっそう容易に取って代わりました。伝統的アイデンティティはトーラーとその戒律の遵守を基礎として、食物や親密な関係のような私的領域にも、また安息日に自動車を使わないなど公的な行動にも影響を及ぼします。それに対してイスラエル主義は、帰属感情を伝達しながらも、道徳的ないし儀礼的などんな義務も課しません。イスラエルの知識人ボアズ・エヴロン[48]（一九二七－二〇一八）によれば、「権力政治に対するこの道徳的同一化は偶像崇拝に等しい」ものです。彼によれば「シオニズムがまさに、本当のところはユダヤ教の否定」だからこそ、なおさらそうなのです[18]。米国の神学者マーク・エリス[49]は「集団的な誇りには集団的な罪の意識が含まれている[19]」と明言していますが、このような考え方こそ、イ

〈18〉 Boaz Évron, cité in Yeshayahu Leibowitz, *Peuple, Terre, État*, Plon, Paris, 1995, p. 133.
〈19〉 Marc Ellis, ***O Jerusalem: The Contested Future of the Jewish Covenant***, Fortress Press, Minneapolis, 1999, p. 52.

スラエル主義の信奉者たちが反ユダヤ主義の現れとして拒絶するものです。もちろん、イスラエル国家の行動についてユダヤ人を誹謗したり攻撃したりすることは誤りであり、反ユダヤ主義的行為です。このような行為は、ユダヤ人はイスラエルでしか安全ではないというシオニストの根本信条を強化してしまいます。

大規模な世界的抗議行動は現在までのところ、ガザに対するイスラエル人の復讐の意志にも、この意志を支えるための欧米諸国による武器供与にも影響を与えていません。しかしユダヤ教の伝統は、自分たちの価値を意識しているユダヤ人に、一見希望のない状況でも耐えて生きよと激励します。「仕事を完成するのはあなた〔の責任〕ではないが、あなたはそれから自由に手を引けるものでもない」(ピルケ・アヴォート二章一六節)[50]。

三万人以上のガザのパレスチナ人が殺されました。繰り返しますが、主に女性と子供です。さらに多くの人々が負傷しました。瓦礫の下にも、何千人も埋まっているでしょう。二〇〇万人が移住を強いられましたが、これはシオニストの植民地化の歴史の全期間の強制移住者の数をはるかに上回る数字です。イスラエルは病院と民間のインフラ施設を攻撃しているので、伝染病と飢饉がさらに多くの犠牲者を生むことが危惧されます。ガザの激しい爆撃はこの地域を荒廃させました。病院、学校、発電所は廃墟と化しました。

ガザ攻撃のコードネームである「鉄の剣」は、パレスチナ人と平等に共存するのではなく剣によって生きるという、シオニストの長年の選択をよく反映しています。〈エイン・ベレハ〉、「われわれには選択肢がない」という、暴力を発動するときのイスラエルのいつもの言い訳は通用しません。

パレスチナ人に対してイスラエルがこれまで処罰を受けずに行動してくることができた理由は、ヨーロッパでのユダヤ人の悲劇と、ヨーロッパの帝国主義的経験の影響を受けた植民地主義的な倨傲《きょごう》に根ざしています。確かにヨーロッパでユダヤ人の運命は、世界の他の地域以上に悲劇的なものでした。キリスト教の教義に固有のユダヤ嫌悪は、人種的反ユダヤ主義に転化して、他の形態のレイシズム同様、二〇世紀の半ばまで黙認されてきました。

シオニスト国家が数十もの国連決議を拒絶してきたにもかかわらず、イスラエルは高いレベルの不処罰を享受しています。イスラエルがその不抜の外交的、軍事的後ろ立てに依拠している米国とその衛星国は、ソ連の解体と世界の一極支配の確立以来、いよいよ厚顔になりました。

西側諸国の支持は今、ガザでの戦争のための弾薬の供与、イスラエル防衛のための米海軍の軍艦のプレゼンス、そして米国の国連安保理での拒否権行使に現れています。ヨーロッパは、レトリックのレベルでは米国よりはイスラエルに批判的だとはいえ、ウクライナ紛争でそうしているように、米国の路線に忠実であることに変わりはありません。ウクライナとパレスチナのいずれの場合にも、ヨーロッパ諸国政府は、自らの独立と行動能力を捨て去ってしまったようにみえます。

イスラエルの不処罰は、世界の他地域の無力さの反映でもあります。ムスリム諸国、アラブ諸国はイスラエルのガザ侵攻を非難し抗議してはいますが、経済制裁、いわんや軍事制裁は、どこの国も課すこともなければ提案さえしていません。実際少なくとも四つの国――ヨルダン、エジプト、サウジアラビア、アラブ首長国連邦（ＵＡＥ）――が、パレスチナ人と連帯してイスラエルの船舶を攻撃したフーシ派[51]のために混乱をきたした通信網を、イスラエルが維持するのに手を貸しています。これらの国はイスラエルと協力して、「フーシ派を迂回する」ことを可能にする道路網を確立し、イスラエルが陸路で物資の補給ができるようにしているのです。トルコは大統領の激しい断罪にもかかわらず、イスラエルが消費する石油の四〇％が自国の領土内を通過することを許しています。ガザ戦争のさなか、モロッコとＵＡＥは、武器生産に関するヘブライ国家との協力を続けています[20]。イスラエルとの外交関係を中断した国、自国の外交関係者をイスラエルから一時的に引き上げた国は半ダースにも及びません。国交を断絶した国は一つもありません。ロシアと中国、またグローバルサウス諸国の大半も、ガザの民間人の犠牲には遺憾の意を表明しつつも声明の域を出ていません。

　西側諸国の反応は、無論、ダブルスタンダードを示しています。ロシアに対して発動された仮借ない経済制裁は、イスラエルに対する武器供給とは対照的です。ガザにおけるイスラエルの行動に対する応答としては、せいぜい口先だけの抑制の訴えまでです。イスラエル軍は数カ月間で、投下された爆発物の量、死者および負傷者の数、また犠牲者のなかの民間人と軍人の比率に関して、ウクライナにおけるロシアの二年間の記録を上回りました。包摂《インクルージョン》と民主主義についての西側諸国のお説教が、非西洋世界で重みを持つ見込みはほとんどありません。二〇二四年一月、イスラエル軍がガザで犯した暴力のリストがジェノサイドの証拠として提示されたとき、西側のいくつものメディアが、国際司法裁判所の審議を中継しませんでした。しかし、翌日のイスラエルの弁護のほうは、その全体が中継されたのです。西側諸国の政府にとって、またこれらの政府に仕えるメディアにとって、パレスチナ人の命がイスラエル人の命に比して、重要性が低いことは明らかです。

政治指導者たちの反応のこの冷淡さに対し、ガザの虐殺が世界の大部分の人々のなかに引き起こした怒りは対照的です。いくつもの巨大なデモが、各国政府に暴力を止めさせるよう求めています。それに対して西側諸国の大半の政府は、表現の自由を制限するための措置を強化しました。シオニズムに反対することは反ユダヤ主義と同一視されます。米国議会は二〇二三年、このための決議を上げることまでしました。反ユダヤ主義という非難は、しばしばユダヤ人のこともある、パレスチナ支援のデモを組織している学生たちにも向けられています。ハーバードのような大学のキャンパスでの「ジェノサイド的反ユダヤ主義」に関するテレビ討論が、ガザで起きている本物のジェノサイドに酷似した事態から眼を背けさせるのです。反ユダヤ主義という非難は、大衆の注意を逸らすための武器になりました。

イスラエルの商業的、文化的ボイコットが数年前から非合法とされているヨーロッパのいくつもの首都では、パレスチナ支持のデモが禁止されました。政府、裁判所、警察、メディア企業、大学の雇用者と執行部が一体となったこの弾圧のために、住民のなかに鬱積した強い怒りの感情

〈20〉 Cf. Mnar Adley, « Genocide : How Treacherous Arab States are Complicit with Israel », ***Internationalist***, n° *360*, le 16 février 2024 ; Libya360.wordpress.com/2024/02/16/genocide-how-treacherous-arab-states-are-complicit-with-Israel

が生まれました。

西側諸国の公平を欠いたイスラエル贔屓は、民主主義欠乏症という病にかかっています。政治指導者たちとは裏腹に、西側諸国の市民の過半数は、イスラエル国家を国際平和にとっての危険とみなしています。イスラエルに対する支持率は収入が高い層ほど高くなる傾向があり、社会階級の問題に転化します。指導者と被指導者の間、かの有名な〈一%〉と残りの世界の間の断絶の広がりがここでもまた際立ちます。(52) とはいえ、ガザ戦争を支持する政府の欺瞞《ぎまん》に対する民衆の鬱積した怒りが、イスラエルの不処罰を脅かすような政治的変化を引き起こすかどうかは予断を許しません。

ハマースの攻撃はシオニストの側にも、情報戦争への熱狂的な関与を引き起こしました。イスラエルの政治責任者たちは強力な支持者のネットワークを当てにしています。そこには先端テクノロジー企業を率いる人々も含まれていて、インターネットがイスラエル支持派の声を増幅させ、親パレスチナ的な言説には息をする余地を与えず、その声を圧殺するための手を打っているのです。検閲は自己検閲につながります。というのも、公的に立場を明らかにすることは求職の妨げとなり、親パレスチナ的共感の持ち主ではないかと疑われた人々の社会的昇進を脅かすからです。

イスラエル人とは反対に、ディアスポラのユダヤ人は次第にユダヤ・ナショナリズムから離反しています。ガザに対するイスラエルの作戦が始まった直後、数百人のユダヤ人のデモ隊が、即時停戦を求めてニューヨーク中央駅を封鎖しました。その一週間前には、祈りの肩掛けに身を包んだユダヤ教徒たちが、ワシントンの米国議会前で座り込みを組織しました。暴力の終結を要求した後、この人々は祈禱書を開き、世代を超えてユダヤ人を支えてきた古来の言葉を唱え出しました。今から数日前にはニューヨークの自由の女神像の下で、ユダヤ人たちが横断幕を広げました。そこには「パレスチナ人は解放されなければならない」と書かれていました(53)。超正統派のユダヤ教徒は、全世界で、パレスチナ人を支持するデモに積極的に参加しました。ガザでの虐殺に反対する抗議活動中にドイツで逮捕された人々のなかには、元イスラエル人を含む多くのユダヤ人がいました(54)。

見当違いも甚だしいことに、これらのユダヤ人は反ユダヤ主義という非難を受けています。さらに見当違いなことに、黒いフロックコートを着た反シオニストの超正統派のユダヤ教徒にも、同じ非難が投げつけられているのです。すべてのユダヤ人の国家だというイスラエルの主張がユダヤ人たちを不名誉と危険に晒しているのであり、それに対してパレスチナ人を支持する大勢のユダヤ人こそが、世界の人々の眼にはユダヤ教を復権しているのです。第一級のユダヤ人知識人たちは、イスラエルを非難しシオニズムに持続的に反対する人々のなかにいます。

一九世紀末以来、シオニズムの批判者たちは、シオニスト国家が植民者にとっても被植民者にとっても、致命的な罠になるだろうと力説してきました。

イスラエル国家内外からの批判の声は、イスラエル人に次のことを認めるよう呼びかけています。「シオニズムの実験は悲劇的な誤りだった。それを停止するのが早ければ早いほど、それだけ全人類のためになる」。このことが実践上意味しているのは、ヨルダン川と地中海の間のすべての住民に平等を保証し、現在の種族支配をすべての市民の国家に変えることでしょう。ところがイスラエル社会は、このような呼びかけに存亡の危機を、「イスラエルの生存権」の拒絶を見るように条件づけられています。何も、何万人ものパレスチナの民間人が殺されていることすらも、この排他主義的確信を揺るがしているようには見えません。

ガザのパレスチナ人に共感を示すことに対しては何であれ、警察による措置も、社会的圧力も、二〇二三年一〇月に開始されたイスラエルの攻撃によって強化されました。こうした措置は、まずはイスラエルのパレスチナ人市民に対して展開され、その後に、最初は少数派に限定されるどんな弾圧にも通例の論理に従って、ユダヤ人市民に対しても拡大されました。ある歴史の教師は、イスラエル軍による爆撃の犠牲者の名前を何人か公表しただけで逮捕されました。イスラエル人はメディア関連ではとても垢抜けした人々ですが、イスラエル軍がパレスチナ人を何千人も殺し、傷つけていることについてはほとんど無知で、さらには関心もありません。第二次世界大戦中に犯されたジェノサイドを多くのドイツ人や他のヨーロッパ人が見ようとしなかったのと同様に、イスラエル社会は一〇月七日の攻撃の犠牲者のことだけで頭が一杯になり、パレスチナ人の苦しみに背を向けたのでした。

ダビデとゴリアテ、そしてサムソン——地獄に堕ちるのか？

二〇二三年一〇月以降、何千人ものガザ住民が、世界でもっとも精巧な戦争機械の一つによって殺され、傷つけられてきました。その結果、ガザと同時にヨルダン川西岸のパレスチナ人の間にも、憤りと憎しみが巻き起こりました。イスラエル人は悪循環のなかにいます。入植植民地には慢性的、不可避的に安全がなく、そのことがユダヤ人は生き残るためには力に頼らなければならないというシオニストの基本前提を強化し、それがまた敵意を引き起こして安全はますます遠のいていきます。

しかしこの圧力がはっきり表明されるには、グローバルな地政学的同盟関係の再編を待たなければなりません。イスラエルは、西洋の政治的遺産に固有の帝国主義とレイシズムの、おそらくはもっとも明白な表現です。イスラエルが行ってきた諸々の戦争は、西洋列強がアフガニスタン、イラク、リビア、シリアに対してかつて行い、今も行っている植民地戦争や、ブラック・アフリカとラテン・アメリカでなされたさまざまな軍事介入の一部です。その口実が〈白人の重荷〉であれ、〈文明化の使命〉であれ、〈民主主義の前進〉であれ、あるいは〈保護する責任〉であれ、相変わらず同じ強国が、かつて「野蛮な反徒」「服従させるべき原住民」と呼ばれた人々が住む地域に介入しているのです。こうした国々がイスラエルを、経済的、軍事的に、真剣に脅かすようになる条件がいつになったら整うのか、予言することは困難です。

より蓋然性が高いのは、西側諸国の住民のほうから圧力が来ることでしょう。しかしそのつけを、世間ではそのほとんどすべてがイスラエルとつながっていると見られている、それぞれの国のユダヤ人のコミュニティが払わされることが危惧されます。このユダヤ人たちは、いくらシオニストだったとしても、イスラエルの政治に影響を与えたことは一度もありません。彼らのほうがイスラエルの政治の人質になってしまったのです。世論調査では何年か前から、西側諸国のユダヤ人は、イスラエルの軍事行動の影響で、次第に安全が脅かされていると感じていることが示されています。

西側の政治家たちも、彼らのユダヤ系市民をイスラエルと結びつけています。トランプ〔元〕大統領は米国のユダヤ人聴衆に向かって、イスラエルを「皆さんの国」と呼びました。バイデン大統領は、「イスラエルがなければ、ユダヤ人は誰一人、どこにも安全な場所がない」と明言しました。イスラエルの指導者たちは、ユダヤ教とシオニズムの、あるいはユダヤ人とイスラエル人の、このような混同をとても有り難がっています。こうした混同がシオニズムを強化し、反ユダヤ主義に養分を与え、ユダヤ人のイスラエル移住を促進するのです。これはイスラエルにとって理想的な展望です。これらの新しいイスラエル人が、知識人、実業家、財界人としての資源をもたらしてイスラエルを強化し、またイスラエル軍により多くの兵士を供給してくれることになるからです。

公的な場で面子《めんつ》を潰されたり非難を浴びたりしても、シオニスト国家は、西側以外の残りの世界からの圧力に対しては、免疫ができているように見えます。ガザの悲劇が、その居住地がどこであれ、パレスチナ人とのどんな妥協にも行き着かないばかりではありません。今回の戦争はイスラエルの各省庁の民生予算の削減につながり、同国のパレスチナ人集住地区は、他地域の五倍もその影響を被ることになりました。情報機関のシャバクは、影響を被った住民がいっそう過激化することを恐れて、この差別的措置に反対したのですが。

イスラエルが二〇二四年一月、ジェノサイドの告発に応えて国際司法裁判所に提出した弁護文書は、政策もしくはレトリックの変化を意味しません。それはむしろ、南アフリカの検察官がハーグの法廷に提出した、ジェノサイドの証拠の詳細な一覧表の信用を失わせようとする試みです。イスラエルの内部では、これらの法廷はシオニスト国家を標的とする、至るところにある反ユダヤ主義のまた一つの事例とされ、「これは独り離れて住む民、自分を諸国の民のうちに数えない」という、民数記（23、9）の祝福の確認とされているのです。

イスラエルの支配的な世論は、絶滅危惧種であるリベラル派シオニストたちが、「イスラエルをそれ自身から救うために」よかれと思って用意した擁護論など関知しませんし、それどころか歯牙にもかけません。

「暴力の享楽」は伝統的なプロテスタントの価値基準を喪失した諸国にエマニュエル・トッドが見ているものですが〈21〉、これは国民ユダヤ教の信奉者であるイスラエル兵についても顕著です。

〈21〉 Emmanuel Todd, *La défaite de l'Occident*, Gallimard, 2024.

戦闘の休息中のイスラエル兵は、「アマレク人を破壊する」「ガザに無実の者はいない」と熱狂的に歌っています[55]。この兵士たちはイスラエルの首相と大統領のアピールを口移しに反復し、それを実行することを誇りにしています。トッドが指摘する「無の神格化」は、イスラエルでは「ユダヤ人国家」の神格化のうちに現れています。「ユダヤ人国家」という論争の的になってきたこの言葉の意味に関する合意など存在しないのに、是が非でもこの国家を防衛しなければならないのですから。

植民地帝国の没落は通常、反植民地抵抗運動の破壊を目的とする暴力の増大によって特徴づけられます。ところがイスラエル人は、自分たちを植民者だと思っていません。正当な民族解放の企てを、それどころか聖書の預言者たちが告知した〈約束の地〉への帰還を防衛しているのだと確信して、怒濤のように暴力を投入するのです。結局のところ、シオニストの主張は聖書の字義通りの解釈に基づいており、ラビ・ユダヤ教の教えからは根本的に逸脱していきます。このシオニスト的信仰が暴力を、そして現代イスラエルの歴史でも前例のないガザの虐殺を正当化しているのです。

イスラエルは今や、アラブのゴリアテと対決するシオニストのダビデ[56]という、その最初の数回の戦争のときに持て囃された像から、この地域全体を支配し、超大国米国とその衛星諸国の自動的な支援を享受する、ゴリアテの像のほうに移行しつつあります。しかし世界が恐れなければならないのはむしろ、敵たちを殺すために自分の命を捨てたサムソン[57]、追い詰められた、核兵器を保有するサムソンのほうでしょう。

とはいえ、この黙示録的シナリオはあまりありえそうにありません。イスラエルは西側諸国の指導者層ばかりでなく、グローバルサウスの多くの国も支えとしています。少数の富裕層と多数の貧困層の格差は世界中で広がる一方ですが、そのことがイスラエルをなくてはならない国にしているのです。イスラエルの軍事産業、監視技術産業はすべて、パレスチナ人を実験材料に何年もテスト済みの、精巧な住民監視手段の供給元です。装備とノウハウを兼ね備えたこれらの手段に対する需要は、既成秩序を揺るがしかねなくなりつつある、経済的、社会的分極化の拡大のために増大しています。指導者層はどこでも市民の抵抗を弾圧する必要があるでしょうし、この領域でのイスラエルの専門知識が、一〇月七日の敗走で評判を落としたとはいえ、引く手数多《あまた》であることに変わりはありません。

もう一つ、この敗走のなかで際立っていたのは、ハンニバル・ドクトリンという異名を持つ秘密の軍事ドクトリンです。その目的は、戦闘中に敵勢の手にかかってイスラエル兵が捕虜になるのを防ぐことです。その狙いは、自分たちがテロリスト、人質犯というレッテルを貼った人々と交渉しないことです。数年前にこのドクトリンは廃止されたはずでしたが、生き残った人々の証言が示唆するところでは、一〇月七日にイスラエルの軍人たちは、イスラエル人がハマースの手に落ちるのを妨げるために、イスラエル人に対して発砲しました。民間人か軍人かを問わず、同国人が生き残ることよりも、殺せという命令のほうが優位を占めたのです。こうしてみると、イスラエル軍が三人のイスラエル人の人質を、彼らが上半身裸で白旗を掲げて向かってきたとき、殺してしまったこともさほど驚くには当たりません(58)。

暴力の文化のこの自殺的側面は、トッドが今日のアングロサクソン諸国に見るニヒリズム現象と同一視しうるものでしょう。シオニズムの企ての供犠《くぎ》的な側面は、一九三一年、英国のキリスト教シオニストで、ヘルツルにとっては預言者的な指導的人物だったウィリアム・ヘクラー〈59〉によって強調されました。一九三一年、彼はあるユダヤ人シオニストにこう打ち明けたのです。「ヨーロッパのユダヤ人共同体のある部分は、あなた方の聖書的祖国の復活のために、犠牲として屠《ほふ》られるだろう〈22〉」

多くのイスラエル人と彼らの支持者にとって、「ユダヤ人国家」の、言い換えればシオニズムの支配的地位の存続が絶対的な至上命令だとしても、イスラエルのユダヤ人を含む多くのユダヤ人にとってはそうではありません。エヴロンは世俗主義者の知識人ですが、その彼がこう言っています。

> イスラエル国家も世界のすべての国家も出現し消滅する。イスラエル国家も、無論、一〇〇年、三〇〇年、五〇〇年後にはなくなるだろう。しかしユダヤ人のほうは、ユダヤ教が存在する限り、おそらくこれからも数千年間、存在するだろう。この国家の存在はユダヤ人の存在にとってなんら重要ではない。……世界のユダヤ人はイスラエルがなくても支障なく生きていける。〈23〉

このヴィジョンはユダヤ人の将来に対してだけでなく、シオニスト国家の偶像崇拝の帰結を被っているパレスチナ人の将来にとっても、明るい見通しの源泉となるものです。ラビの反シオニズムの理論家たちは、シオニズムのメシア主義を断固として否定しています。彼らの見方では、イスラエル国家は、救済の途上における障害以外の何ものでもありません。これほど危険な一つの場所に、何百万人ものユダヤ人を集中的に住まわせるなどということは、この論理によれば、ほとんど自殺的な狂気の沙汰ということになるでしょう。

二〇年以上前に、著名なイスラエル作家であるダヴィド・グロスマン〈60〉は、当時の首相でありその好戦性で知られたアリエル・シャロン〈61〉に向かって、彼が第二次インティファーダを引き起こした直後、次のように述べました。

私たちはあなたが、自分の目的を果たすために、普通そうするように戦場を敵の領土に移すのではなく、現実のまったく異なる次元に移す決断をしたのではないかと考え始めています。──つまり、全面的な不条理の領域、全面的な自滅の領域に。そこでは私たちは何も得ることはないでしょうし、彼らもまた何も得ないでしょう。壮大なゼロ、というわけです。……〈24〉

〈22〉 Claude Duvernoy, *Le prince et le prophète*, Keren Israël, Vannes, 1996, p. 193.
〈23〉 Boaz Évron cité in *Yeshayahu Leibowitz*, *op. cit.*, p. 154.
〈24〉 David Grossman, « Ave César », *Haaretz*, 22 février 2002.

あとがき

レニングラード包囲からガザ封鎖へ――植民地主義者の心性

今から八〇年前の一九四四年一月二七日、レニングラードの街頭では、人々が抱き合い歓びの涙を流していました。この人々は、九〇〇日近くも続いた封鎖が、凄まじい戦闘の果てにソ連軍によって解除され、終わったことを祝っていたのです。ちょうどその一年後、赤軍はアウシュヴィッツを解放しました。今日でもまだ、サンクトペテルブルク(レニングラードに返された元の都市名)の目抜き通り、ネフスキー大通りを歩いていると、封鎖期間中に壁に描かれた青い掲示板が目に入ります。「市民に告ぐ! 砲撃中、通りのこちら側はより危険」

この包囲は、ドイツ、フィンランド、イタリア、スペイン、そしてノルウェイの、陸軍と海軍が行ったものです。一九四一年六月二二日の開戦から三カ月半の後、この街はナチスの鉤十字旗の下に結集した、より広いヨーロッパの同盟軍によって包囲されました。ドイツの指揮下で、一二カ国の兵士がソ連で戦いました。ルーマニア、イタリア、フィンランド、ハンガリー、スロヴァキア、クロアチア、スペイン、ベルギー、オランダ、フランス、デンマーク、そしてノルウェイです。彼らのうちの二〇〇万人は志願兵として、ソ連に対する戦争をしに来たのでした。

対ソ戦は、ドイツが西欧で行った戦争とは非常に異なります。それは絶滅戦争(Vernichtungskrieg)でした。第三帝国は東方生存圏(Lebensraum im Osten)を欲していましたが、その住民は必要としていませんでした。対ソ戦は、実際には、植民地戦争だったのです。

ソ連人は下等人間（Untermenschen）とみなされ、抹殺され、飢餓に晒され、奴隷にされるべき者たちでした。ソ連人の土地は「アーリア人」によって植民地化されるべきでした。ヨーロッパ人に馴染み深い人種的な用語で自らの見方を表現するために、ヒトラーはソ連の住民を「アジア人」と形容しました。

何百万人ものソ連市民——スラブ人、ユダヤ人、ジプシー（ロマ）その他——が、徹底的に殺害されました。その規模はドイツが一九〇四—一九〇八年に南西アフリカ（現在のナミビア）で、現地の部族であったナマ人、ヘレロ人を虐殺して犯したジェノサイド[62]を上回ります。もちろんドイツは例外ではありません。ヨーロッパの他の植民地列強も、この点で後れを取ってはいませんでした。

ナチスの侵略者は自分たちの目的を明快に要約していました。「ソビエト・ロシアの敗北後、この巨大な都心部が存続することにはどんな意味もありえない。（…）都市の包囲後は、降伏を目的とした交渉の要求は拒絶されるだろう。というのも、住民たちの再定住と食糧供給の問題を、われわれは解決することができないし、すべきでもないからだ。われわれの存続そのもののためのこの戦争では、この非常に大きな都市人口の一部であれ維持することに、われわれはどんな関心も抱くことはできない[63]」

ソ連の他地域とこの都市をつなぐ最後の鉄路は一九四一年八月三〇日に切断され、一週間後には最後の道路も封鎖されました。都市は包囲され、食糧と燃料の備蓄は枯渇し、厳しい冬が始まりました。ソ連政府がレニングラードに届けることに成功した僅かな物資は、厳格な配給制に委ねられました。日々の配給量が、小麦とおが屑半々で作られたパン一二五グラムまで切り詰められることもありました。この配給さえ手に入れられない人々は、猫、犬、壁紙用の糊を食べざるを得ないところまで追い詰められました。そして、人肉食も数例報告されています。街頭は死屍累々でした。飢餓で、病気で、寒さで、そして砲撃の犠牲となって、人々は死んでいったからです。

レニングラードは人口の三分の一以上を失いました。これは近代の都市が経験した最大の人命損失です。見事な宮殿、優雅な庭園、素晴らしい見晴らしで有名なこの帝国の古都が、徹底的に爆撃され、砲撃されたのです。一万戸以上の建物が、破壊されたか損傷を受けました。この作戦の背後には、ソ連を近代から締め出すという意志がありました。レニングラードを無に帰す必要があったのは、まさしくこの都市が学問とエンジニアリングの一大中心地であり、作家たち、舞踊家たちの住む街であり、有名な大学や美術館の所在地でもあったからです。ナチスの計画では、こうしたものは何一つ、存続してはならなかったのです。

嘆かわしいことに、一九四五年以降も、包囲も、植民地戦争も終わりませんでした。英国、フランス、オランダは、その植民地で粗暴な戦争を行い、今度は自分たちのほうが、「原住民の平定」を企てました。ナチズムに対するソ連のもう一つの同盟国だった米国では、レイシズムは公認されていました。戦争から一二年が経っても、アイゼンハワー大統領は、米国南部の学校の九人のアフロ・アメリカン生徒の付き添いとして、第一〇一空挺部隊を派遣しなければなりませんでした。それまで白人専用だったこの学校は、最高裁の決定でこれらの生徒を受け入れることを強いられたのですが、分離教育を支持する市民の大群衆が詰めかけて、九人の生徒が建物に入るのを妨げようとしたのです[64]。西側諸国が現在唱えている寛容という価値は、まだ日が浅い、脆弱《ぜいじゃく》なものです。公然たるレイシズムはもはや受け入れられませんが、暗黙のレイシズムはまだまだ健在です。

私たちのメディアでも、また私たちの外交政策でも、人命に同じ価値はありません。ヨルダンの軍事基地で三人の米兵が死んだほうが、何百人ものパレスチナ人が日々殺されていることよりも、メディアの注意を引きつけます。イランが非軍事の核濃縮計画のために厳しい制裁を課されているのに対し、イスラエルの核兵器庫にはどんな制裁も課されたことがありません。西洋列強はイスラエルに武器を供給し政治的な支持を与え続けていますが、イスラエルが封鎖しているガザでは、民間人が爆撃され、砲撃されているばかりでなく、計画的に餓えさせられ、医療の欠乏のために命を落としているのです。

ナチスとその同盟者たちは封鎖期間中、レニングラードに一五万発近い爆弾と砲弾を投下しました。一日平均一七二発になります。住居の一六%が破壊されました。イスラエル軍自身のデータによれば、戦争の最初の週に、ガザには一日一〇〇〇発の爆弾と砲弾が投下されました。二〇二三年の終わり頃には、ガザの住宅は七〇%が破壊されていました。ガザ回廊の土地は、包囲されたレニングラードの土地の一四分の一の狭さです。二つの都市の人口は似通っていますが（攻撃前にガザが二三〇万人、レニングラードが三四〇万人）、今日の爆弾と砲弾は、レニングラード攻囲戦の時代よりはるかに強力になっています。

イスラエル国防相のヨアフ・ガラント[65]は、こう宣言したとき大変明快でした。「私はガザ回廊の完全封鎖を命じた。電気も食糧も燃料もない。なにもかも封鎖だ。われわれは人間動物と闘っているのだから然るべく行動する」。リクードの国会議員で現在政権のなかにいる弁護士のタリ・ゴットリーブ[66]は、このような言葉でイスラエル軍を叱咤激励しました。「建物を打ち倒せ！無差別に爆撃しろ！　容赦なくガザを破壊しろ！」。そして文化遺産相のアミハイ・エリヤフ[67]は、自身ラビでありイスラエルの偉大なラビの孫なのですが、ガザ回廊に「核爆弾」を落とすことも「選択肢」のうちだと考えています。

レニングラード包囲と異なり、私たちはもう、軍事上の機密文書のなかに植民地主義的な意図が隠されている時代にいるのではありません。ガザに関するイスラエルの意図は公然のもので、広くメディアで伝えられています。こうした発言をガザの破壊に関する専門家の評価と比較した国際司法裁判所（ＣＩＪ）は、イスラエルがガザのパレスチナ人に対しジェノサイドを犯しつつあることは蓋然性が高いと判断しました[68]。ところが、イスラエルに弾薬を供給し続けている米国政府は案の定、イスラエルがジェノサイドの罪で告発されても「根拠はない」と考えています。イスラエルへのもう一つの武器供給国である英国政府は、この告発を「まったく不当だ」とみなしています。オランダはイスラエルに、ガザに対して使われているF-35戦闘機の部品を供与しています。フランス政府は、イスラエル向け輸出を目的に、「爆弾、魚雷、ロケット砲、ミサイル、その他の装置や爆薬」の生産のために、一二〇〇万ユーロの予算を承認する一方、国際司法裁判所に対しては、イスラエル側にジェノサイドの意図があるかどうかよく検証するよう求めています。

明らかなのは、レイシズムと植民地主義の重い過去を持つこの同じ国々が、そのうちの一万八〇〇〇人が女性と子供である二万七〇〇〇人以上のパレスチナ人の死の原因となった暴力の、積極的な加担者だということです。二〇世紀に二度もレイシズムに基づくジェノサイドを犯したドイツは、イスラエルに対する非難を「激しく」拒絶し、同国に対する武器輸出を倍増させました。同国はイスラエル側の立場に立つ第三国として、国際司法裁判所に介入しました。

そのうえさらに、同時にこの同じ西側諸国は、中東のパレスチナ人のための国連救済事業機関〔国連パレスチナ難民救済事業機関：ＵＮＲＷＡ〕への出資を一時中止したのです。パレスチナ人の生存自体にとって不可欠なこの機関の廃止を求めて長年働きかけてきたイスラエルの要求を受け、即座に、証拠も見ずに、この決断を下しました。イスラエルは自国の情報機関の主張を根拠に、一万三〇〇〇人以上もいるこの機関の職員のうちの一二人ほどが、ハマースと共謀関係にあると非難しました。こうした主張は国際司法裁判所の裁定の直後に行われ、当然のことながらメディアの注意をこの裁定から逸らすことになりました。この攻撃が加えられたのは、パレスチナ人がジェノサイドすれすれの人道的破局に直面しているときのことです。つい最近まで植民地宗主国だったこの国々は、イスラエルによる占領下パレスチナの植民地化を数十年にわたって許容してきたあげく、今やガザにおける「原住民平定」戦争を支えているのです。

ガザの悲劇を背景にしてレニングラード包囲戦の記念日を迎えると、マルチニックの詩人エメ・セゼール[69]が、一九五五年にヨーロッパ的人間に差し向けた告発が、今なおアクチュアルであることが身に沁みて分かります。「彼〔ヨーロッパ的人間〕が赦さないのは、ヒトラーの犯した罪自体、つまり人間に対する罪、人間に対する辱めそれ自体ではなく、白人に対する罪、白人に対する辱めなのであり、それまでアルジェリアのアラブ人、インドの苦力《クーリー》、アフリカのニグロにしか使われなかった植民地主義的やり方をヨーロッパに適用したことなのである[25]」

モントリオールにて、二〇二四年二月二八日

〈25〉 Aimé Césaire, *Discours sur le colonialisme*, Présence africaine, Paris, 1955, p. 4.（エメ・セゼール「植民地主義論」、『帰郷ノート／植民地主義論』、砂野幸稔訳、平凡社ライブラリー、二〇〇四年、一三八頁）

参照文献

Shlomo Avineri, *Histoire de la pensée sioniste*, Paris, 1982.

Orit Bashkin, *Impossible exodus: Iraqi Jews in Israel*, Stanford, California, 2017.

Uri Ben-Eliezer, *The Making of Israeli Militarism*, Bloomington, Indiana, 1998.

Georges Bensoussan, *Un nom impérissable, Israël, le sionisme et la destruction des Juifs d'Europe (1933–2007)*, Paris, 2008.

André Chouraqui, *L'État d'Israël*, Paris, 1962.（アンドレ・シュラキ『イスラエル国』、増田治子訳、白水社、文庫クセジュ、一九七四年）

Avner Cohen, *Israel and the Bomb*, New York, 1999.

Sylvain Cypel, *L'État d'Israël contre les Juifs* Paris, 2020.（シルヴァン・シペル『イスラエル vs.ユダヤ人——中東版「アパルトヘイト」とハイテク軍事産業』、林昌宏訳、高橋和夫解説、明石書店、二〇二二年）

Mark Ellis, *Judaism Does Not Equal Israel: The Rebirth of the Jewish Prophetic*, New York, 2009.

Charles Enderlin, *Israël, L'Agonie d'une démocratie*, Paris, 2023.

Karmi, Ghada, *Israël–Palestine, la solution : un État*, Paris, 2022.

Alain Gresh, *Israël, Palestine : vérités sur un conflit*, Paris, 2017.

Ilan Halevi, *Sous Israël, la Palestine* Paris, 1978.

Noga Kadman, *Erased from space and consciousness: Israel and the depopulated Palestinian villages of 1948*, Bloomington, Indiana, 2015.

Rashid Khalidi, *The hundred years' war on Palestine: a history of settler colonialism and resistance, 1917–2017*, New York, 2020.（ラシード・ハーリディー『パレスチナ戦争——入植者植民地主義と抵抗の百年史』、鈴木啓之・山本健介・金城美幸訳、法政大学出版局、二〇二三年）

Baruch Kimmerling, *Politicide*, Paris, 2003.

Daniel Monterescu, *Jaffa shared and shattered: contrived coexistence in Israel/Palestine*, Bloomington, Indiana, 2015.

Benny Morris, *Victimes — histoire revisitée du conflit arabo-sioniste*, Paris, 2003.

Béatrice Orès et al., dir., *Antisionisme, une histoire juive*, Paris, 2023.

Ilan Pappé, *Le nettoyage ethnique de la Palestine*, Paris, 2008.（イラン・パペ『パレスチナの民族浄化——イスラエル建国の暴力』、田浪亜央江・早尾貴紀訳、法政大学出版局、二〇一七年）

Ilan Pappé, *Israel and South Africa: the many faces of Apartheid*, Londres, 2015.

Ilan Pappé, *The biggest prison on earth: a history of the occupied territories*, Oxford, 2017.

Yoav et Horit Peled, *The religionization of Israeli society*, Londres, 2019.

Yakov Rabkin, *Au nom de la Torah : Une histoire de l'opposition juive au sionisme*, Ste-Foy, Québec, 2004.（ヤコヴ・M・ラブキン『トーラーの名において——シオニズムに対するユダヤ教の抵抗の歴史』、菅野賢治訳、平凡社、二〇一〇年）

Yakov Rabkin, *Comprendre l'État d'Israël*, Montréal, 2014.（ヤコヴ・M・ラブキン『イスラエルとは何か』、菅野賢治訳、平凡社新書、二〇一二年）

Yakov Rabkin, *Judaïsme, islam et modernités*, Paris, 2022.

Jack Ross, *Rabbi Outcast: Elmer Berger and American Jewish Anti-Zionism*, Washington, 2011.

Sara Roy, *The Gaza Strip: the political economy of de-development*, Washington, 2016.（サラ・ロイ『ホロコーストからガザへ——パレスチナの政治経済学』新装版、岡真理・小田切拓・早尾貴紀編訳、青土社、二〇二四年）

Shlomo Sand, *Comment le peuple juif fut inventé*, Paris, 2008.（シュロモー・サンド『ユダヤ人の起源——歴史はどのように創作されたのか』、高橋武智監訳、佐々木康之・木村高子訳、ちくま学芸文庫、二〇一七年）

Shlomo Sand, *Deux peuples pour un État ? — Relire l'histoire du sionisme*, Paris, 2023.

Gershon Shafir, *A half century of occupation: Israel, Palestine, and the world's most intractable conflict*,

Oakland, California, 2017.
Adam Shatz (dir.), *Prophets Outcast*, New York, 2004.
Michal Shaul, *Holocaust memory in Ultraorthodox society in Israel*, Bloomington, Indiana, 2020.
Avi Shlaim, *Le mur de fer : Israël et le monde arabe*, Paris, 2008.
Avi Shlaim, *Israel and Palestine: reappraisals, revisions, refutations*, Londres, 2009.
Ella Shohat, *Le sionisme du point de vue de ses victimes juives : les juifs orientaux en Israël*, Paris, 2006.
Damien Simonneau, *L'obsession du mur : politique de militarisation des frontières en Israël et aux États-Unis*, Bruxelles, 2020.
Pierre Stambul, *Le sionisme en question*, Paris, 2023.
Thomas Vescovi, *L'échec d'une utopie : une histoire des gauches en Israël*, Paris, 2023.

訳注

（1）ヘブライ語で「ドイツ」の意から派生。中欧・東欧在住の離散ユダヤ人。

（2）ヘブライ語で「イベリア（半島）」の意から派生。アシュケナジ以外の離散ユダヤ人の総称。アラブ＝イスラーム圏在住ないし出身のユダヤ人を「ミズラヒム」としてセファルディと区別する場合もある。

（3）ドイツ語にヘブライ語、スラブ諸語が混成した中世以降の中欧・東欧ユダヤ人の共通語。

（4）スペイン・ユダヤ語とも言われる。一四九二年以降イベリア半島から追放されたユダヤ人がオスマン・トルコ領の各地に移住して使用し続けるなかで形成された混成語。

（5）ロシア帝国領プロンスク（現ポーランド）に生まれる。一九〇六年、パレスチナ移住。ヒスタドルト（ユダヤ労働総同盟）を創設、マパイ（イスラエル労働党）を領導し、ユダヤ人武装組織ハガナの形成に尽力。一九四八年、イスラエルの建国宣言を行う。イスラエル初代首相。

（6）「ラビ」の語源は「わが師」を意味するアラム語に遡る。ユダヤ教の共同体で律法解釈を司る学者、精神的導師。

（7）ポーランド領シレジアに生まれ、一九三九年に両親とともにパレスチナに移住。ヘーゲル、マルクスの政治哲学、一九世紀ドイツ語圏初期シオニズム研究で知られる。主要著作に『ヘーゲルの近代国家論』『終末論と弁証法――マルクスの社会・政治思想』『シオニズム思想史』等。一九七〇年代からパレスチナ解放機構（ＰＬＯ）との交渉に関与。

（8）聖書「出エジプト記」にはアブラハムの孫ヤコブの子孫が移住地のエジプトで隷属を強いられた時代（推定紀元前一三世紀）に、神がモーセに命を下して民をエジプトから導き出し、シナイ山の上で十項目の戒律（「十戒」）を授けた経緯が語られている。

（9）狭義にはヘブライ語聖書の最初の五巻（モーセ五書）を、広義には伝統的ユダヤ教の教説全体を指す。ここではモーセがシナイ山で神から授かった律法の石板を意味する。

（10）当時カタルーニャ公国領だった南仏ペルピニャンに生まれる。律法学者として活躍、タルムード集成とその注釈で知られる。

(11)　タルムードのヘブライ語の原意は「学び」。神の意志を探求するトーラー解釈学として発展・伝承される。西暦五〇〇年頃に成立したバビロニア・タルムードがもっとも重視される。

(12)　ロシア帝国領カウナス（現リトアニア）に生まれる。哲学上の主著は『全体性と無限』『存在するとは別の仕方で』等。フランス、ドイツに留学した後一九三〇年代にパリに居を定める。出身地の親族のほとんどはナチスドイツの絶滅政策の犠牲に。参照されている著作は「約束の土地か許された土地か」（『タルムード四講話』、内田樹訳、人文書院、二〇一五年）。

(13)　スロヴァキアに生まれ、一八七三年にパレスチナ移住。一九一〇年にエルサレムの大ラビに就任、世俗の政治権力からのユダヤ教の完全な独立を主張してシオニズムと対立、アラブ人との共存を求めて活動した。

(14)　ヨシュアはモーセの後継者でカナンを武力で征服して古代イスラエル国家の基礎を築く（紀元前一四〇〇年頃）。ユダ王国はバビロニア王ネブカドネツァルにより滅亡、残存住民の大半は移住を強いられる（バビロン捕囚。紀元前五九七―五七八年）。その後バビロニアを滅ぼしたアケメネス朝ペルシャのキュロス王の勅命（紀元前五三八年）でヘブライ人は帰還を許され、エルサレム第二神殿を建設。

(15)　中世ユダヤ教を代表するラビ。アラゴン王の要請で行ったドミニコ派の学僧との神学論争に勝利するもキリスト教徒の迫害を受けて亡命、十字軍支配下のエルサレムに移住する。

(16)　一九三二年、米国コネティカットに生まれる。生涯に九〇〇点余の著書・編著を刊行。ユダヤ教の古典文献を成立時の時代的、地理的コンテクストを重視して再解釈した業績で知られる。主要著作に『イエス時代のユダヤ教』『パリサイ派とは何か』等。ラビ文献の英訳やキリスト教との対話にも貢献。二〇一六年没。

(17)　イベリア半島コルドバに生まれる。アラビア語名イブン・マイムーン。中世ユダヤ教最大の哲学者。ユダヤ法資料を体系化した『ミシュネー・トーラー』、聖句解釈にアリストテレス哲学を援用した『迷える者の導き』が主著。ムワッヒド朝の迫害から逃れ、カイロでアイユーブ朝の宮廷医師となる。

(18)　ユダヤ教は〈追放〉に終わりをもたらしユダヤ人を「約束の地」に帰還させるメシア（救世主）の出現を信じ待望する。メシアの到来以後の時代を「メシア時代」と呼ぶ。

(19) ヘブライ語の筆名は「民衆の一人」の意。政治的シオニズムに反対し、パレスチナ入植の目的をユダヤ人国家の建設ではなく、世界のユダヤ人が同化に抗するための文化的中心の創造に置く精神的シオニズムを提唱。

(20) 「嘆きの壁事件」として知られるユダヤ人とアラブ人の激しい暴力的衝突。東エルサレムの神殿の丘の西側外壁はユダヤ教の第二神殿唯一の遺構であり、丘の上にはイスラームのもっとも神聖な二つのモスク、岩のドームとアル＝アクサーモスクがある。ユダヤ人側は英国委任統治当局に対しオスマン・トルコ時代に制限されたこの壁への巡礼と祈りの権利の回復を要求。アラブ人側はユダヤ人がモスクを破壊してソロモンの神殿を再建する意図があるのではないかという危惧を強めた。一九二九年八月一六日にユダヤ人青年組織が行ったデモ以降衝突が続き、双方に一〇〇人を超える死者が出た。現在イスラエルによる東エルサレムのパレスチナ人住民の排除が進行中で、二〇二三年一〇月七日のガザ武装勢力による越境攻撃はこの事態に対する反撃を名目に掲げて行われた。

(21) フロイトのシオニズムに対する態度についてはジャッキー・シェムーニ『フロイトとシオニズム』(Jacquy Chemouni, *Freud et le sionisime*, Solin, 1988)に詳しい。

(22) イスラエルの政党名。右派修正主義シオニストのメナヘム・ベギン(一九一三—一九九二)の指導下に一九七三年創設。一九七七年に政権を獲得し、建国以来の労働党政権に終止符を打つ。以後短期間を除きイスラエル政治の主流派を形成する。二〇二二年に極右宗教シオニズム諸派と連立を組んで政権復帰。オスロ合意の否定、パレスチナ国家の拒否を主要政策に掲げ、市民的自由を制限する一方、経済的には極端なネオリベラリズム的改革を推進してきた。

(23) 『タルムード　アヴォート篇：アヴォート・デ・ラビ・ナタン』、長窪専三翻訳監修、三貴社、一九九四年、八八頁。アヴォート・デ・ラビ・ナタンはタルムード外典中最大の篇。諺や聖書章句の敷衍的注釈に加え、初期ユダヤ教のラビの列伝という性格もあり、ヘレニズム期の賢者物語の影響が指摘される。

(24) 米国サンフランシスコに生まれる。ニューヨークのユダヤ人コミュニティの組織化に尽力したのちパレスチナに移住。ヘブライ大学初代学長。一九四二年、アラブ・ユダヤ二民族国家を目指す団体イフードの創設を呼びかける。パレスチナの「ユダヤ人の良心」(アーレント)と呼ばれた。

(25)　一九三六年に始まったパレスチナ・アラブ人の大ストライキのさなか、英国のピール委員会は一九三七年七月に白書を公表、アラブ、ユダヤ間の対立を非和解的と判断して、パレスチナをユダヤ人国家、アラブ人国家、永久委任統治地区の三つに分割する案を示した。

(26)　政治哲学上の主著は『人間の条件』『革命について』『全体主義の起源』等。ヨーロッパのユダヤ人問題とイスラエル建国に向かう時代の論評は、『エルサレムのアイヒマン』のほか、『ユダヤ論集』(全二巻)にまとめられている。

(27)　先住民の社会を入植者の社会と永続的に置き換えることを目的として領土を侵略・占領する植民地主義。先住民の追放、絶滅、極度の周縁化を招く強い傾向を持つ。帝国権力が土地および天然資源の収奪、現地住民の労働力の搾取を目的として侵略・領有・支配を行う搾取植民地主義と区別される。

(28)　オーストリアのウィーンに生まれる。哲学上の主著は『我と汝』。一八世紀のユダヤ教改革運動ハシディズムの研究に貢献。ドイツ語圏におけるユダヤ文化復興運動、精神的シオニズムの主唱者として声望を集める。一九三八年、ナチスドイツによるオーストリア併合を機にパレスチナに移住、ヘブライ大学で教鞭を執る。シオニズムとパレスチナをめぐる四〇年以上にわたる発言は『ひとつの土地にふたつの民――ユダヤ・アラブ問題によせて』にまとめられている。

(29)　ドイツのベルリンに生まれる。一九二〇年代からユダヤ人とアラブ人の共生を目指す団体ブリット・シャローム(平和同盟)にブーバー等とともに参加。

(30)　一九四六年、ルーマニアのブカレストに生まれる。一九六一年、一家でイスラエル移住。テルアビブ大学教授。平和運動「今こそ平和を」のメンバー。駐仏大使は二〇〇〇年から二〇〇二年まで。

(31)　テオドール・ヘルツルは一八六〇年、ハンガリーのブダペストに生まれる。弁護士としての仕事のかたわら文学的野心を抱き、ウィーンに移住してジャーナリストとして活動する。一八九一年にパリの通信員となりドレフュス事件(一八九四―一九〇六年)に遭遇したことが、同化主義からシオニズムへの彼の思想転換に決定的な影響を及ぼしたとされる。一八九六年に『ユダヤ人国家』を上梓、政治的シオニズム運動の創設者となり、翌年スイスのバーゼルで第一回シオニズム会議を組織する。近年ヘルツルの思想転換のきっかけとしてキリスト教福音派の影響を重視する見方もある。一九〇四年、エドラッハ(オーストリア＝ハンガリー)で没。

(32) ポーランドに生まれる。戦時中はワルシャワ・ゲットーのラビだったがロシア国籍だったためソ連軍兵士とともに捕虜の扱いを受けて生き延びる。戦後はスイスのモントルーで研究に従事。

(33) イガール・アミル(一九七〇―)はイエメン系ユダヤ人のイスラエル人。パレスチナ人との和平を拒絶する極右宗教シオニズムの主張に共鳴し、一九九五年一一月四日、テルアビブで開かれた中東和平促進集会の最中にイツハク・ラビン(一九二二―一九九五)首相を暗殺。無期刑を受けて服役中。

(34) オランダのスミルデに生まれる。作家としてもオランダ語ゲイ文学の草分けとして著名。一九一九年にパレスチナ移住。イスラエルの大ラビ、ヨーゼフ・ハイム・ゾネンフェルト(訳注(13))と協力。暗殺の動機や暗殺者の身元が明らかになったのはイスラエル建国以後。

(35) ムスリム同胞団のガザ支部を母体として一九八七年一二月、第一次インティファーダのさなかに「イスラーム抵抗運動」(ハマースはその略称)として結成された政治組織。二〇〇六年のパレスチナ自治区選挙で勝利するがイスラエルおよび欧米諸国はハマース中心の政府を認めず、PLO主流派のファタハとの抗争が激化する。封鎖下のガザ地区を事実上統治。オスロ合意を認めず、武装闘争を継続する。

(36) ロシア語で「破壊」「略奪」を意味する言葉。狭義には一九世紀末からの約四〇年間、ポーランド、ウクライナを含むロシア帝国領を中心に、ユダヤ人の共同体が周辺住民に繰り返し襲撃された宗教的、人種的動機に基づく集団的暴力行為を指す。同時期にはドイツ、オーストリア、ルーマニア等でも同種の事件が発生した。現在は民族的、宗教的少数者に対する当該社会の多数者による集団的暴力行為一般についてもこの言葉が使われることがある。

(37) キシナウはモルドヴァの首都で当時はロシア帝国領。ポグロムは一九〇三年と一九〇五年に起きた。最初のポグロムでは約五〇人のユダヤ人が殺害され七〇〇件の商店が破壊され略奪を受けた。警察と軍隊の介入は発生三日後で、きっかけはキリスト教徒の少年殺害事件だが計画的襲撃だった可能性が高い。

(38) ロシア帝国領オデッサ(現ウクライナ領)に生まれる。ロシア語作家として活動を開始。キシナウのポグロムの後、シオニズムに接近。一九二三年出版の『鉄の壁』でアラブ人に対する軍事強硬路線を主張、同年ユダヤ人青年の武装組織ベイタールを創設し、イスラエル右派の源流「修正主義シオニズム」の旗手になる。

(39) 一九四九年、テルアビブに生まれる。父はワルシャワ生まれの右派歴史家。軍役後リクード(訳注(22))所属の政治家となり、一九九六年から一九九九年、二〇〇九年から二〇二一年、二〇二二年から現在まで、三回にわたって内閣を組織。この間にイスラエルは急速に右傾化した。一方、何件もの汚職事件で刑事責任が問われる身でありながら最高裁の権限を縮小する司法改革に着手。大規模な反対運動が二〇二三年一〇月まで九カ月間続いていた。国際刑事裁判所に戦争犯罪で逮捕状が請求されている。

(40) ロシア帝国領ノヴィ・ミリニ(現ウクライナ領)に生まれる。近代ヘブライ語文学初期の重要作家としても知られる。

(41) 一九四八年、ハイファ南郊のキブツで生まれる。『アラブ人難民問題の誕生』(一九八九年)でイスラエル建国時の史実を見直しイスラエルの歴史的責任を指摘した。イラン・パペ(一九五四—)等とともに「新しい歴史家」のグループを形成し、兵役を拒否して投獄された時期を経て、二〇〇〇年の第二次インティファーダ前後から政治的、学問的立場は右傾化した。

(42) ポーランドに生まれる。母と姉はベウジェッツ収容所で殺害される。終戦までレンベルク(リヴィウ)で隠れて暮らし、一九四六年にフランスに、一九五一年にイスラエルに移住。ヘブライ大学教授。平和運動「今こそ平和を」の創設メンバー。主著に『イスラエルの起源——民族主義と社会主義の間で』『右でも左でもなく——フランスのファシズム・イデオロギー』等。ヨーロッパ・ファシズムの思想的起源を一九世紀末のフランスに求めた後者の著書の主張をめぐって現在も論争が続いている。

(43) イスラエル現政権の財務相兼国防省付大臣ベザレル・スモトリッチ(訳注(45))が率いる国民宗教党は、全パレスチナを併合しイスラエル国家を全面的に宗教法に服する神政国家に転換することを党是とする。また国家治安相のイタマル・ベン=グヴィルが党首を務める政党「ユダヤの力」はアラブ系イスラエル人の国外追放を提唱。

(44) 一九六〇年、テルアビブに生まれる。父はイスラエル第六代大統領ハイム・ヘルツォーク(一九一六—一九九七)。労働党党首を務め複数の大臣職を歴任した後、二〇二一年に第一一代大統領に選出。

(45) 一九八〇年にイスラエル占領下のシリア領ゴラン高原南部のハプシン入植地で生まれ、ヨルダン川西岸の超正統派の入植地エル・ベイトで育つ。二〇一五年にクネセト(イスラエル議会)初当選。訳注(43)参照。

(46) 一九三六年、リトアニアのカウナスに生まれる。ドイツ占領期、収容されたゲットーからの脱出に成功し農民に匿われる。一九四七年にパレスチナ移住、後にヘブライ大学で法学を修める。一九七八年に最高裁判事に就任、一九九五年に長官に任命される。治安機関による拷問や土地所有に関する差別の禁止に尽力、アラブ系イスラエル人の人権改善に一定の役割を果たしたとされる。

(47) アラビア語で「災厄」の意。イスラエル建国によるパレスチナ人の故郷喪失、難民化の悲劇を指す。

(48) エルサレムに生まれる。青年期にユダヤ、アラブ以前の古代文明圏への復帰を唱えるカナン主義運動に参加。一九五六年にシオニズムの超克とアラブ人との連携を目指す政治団体セミティック・アクションの創設にかかわる。ジャーナリスト、批評家としてシオニズム批判を継続し『パレスチナ・イスラエル』誌の編集に携わる。

(49) 一九五二年に米国のマイアミに生まれる。反シオニズム派のシカゴのツェデク・シナゴーグに属す。ユダヤ教の解放の神学を追求、パレスチナ人の解放をユダヤ人の解放の条件とする。著書に『良心のユダヤ人――挑戦と選択』『最初の光――エドワード・サイードとの出会いと新しいディアスポラにおけるユダヤ教預言の晩期スタイル』等。二〇二四年没。

(50) 「アヴォート　ミシュナⅣ別巻」、長窪専三訳、教文館、二〇一〇年、七〇頁。「ピルケ・アヴォート」はユダヤ教の口伝律法(ミシュナ)中、律法解釈に直接かかわらない道徳的、教訓的な箴言集。

(51) シーア派ムスリムを主体とするイエメンの政治勢力。現在イエメンの広域を支配し事実上行政を掌握。二〇一四年から続く内戦でサウジアラビアの支援を受けた政権を追放しイランに接近。ガザ事態の開始後、パレスチナ連帯を掲げてイスラエルにミサイル攻撃を行うとともに、紅海を通過するイスラエル行き船舶を攻撃の対象とする。

(52) 二〇一一年八月に米国で始まった経済格差拡大に対する大衆的な抗議運動、「オキュパイ・ウォールストリート」で登場したスローガン。極少数の富裕層への富の偏在と圧倒的多数の民衆の急速な窮乏化が鮮明に可視化されたため、たちまち全世界に広がった。

(53)　米国連邦議会では二〇二三年一〇月一八日、ニューヨーク中央駅では同月二七日に、自由の女神像では一一月六日に、いずれも平和団体「平和を求めるユダヤ人の声」(Jewish Voice for Peace)の呼びかけで非暴力の占拠活動が行われた。

(54)　「私たちは逮捕されるだけだがパレスチナ人は殴打されている」、『アル・ジャジーラ』、二〇二四年四月一日。https://www.aljazeera.com/news/2024/4/1/we-jews-are-just-arrested-palestinians-are-beaten-german-protesters

(55)　サムエル記上(15、1―11)では、預言者サムエルがイスラエルの王サウルに、「行け。アマレクを討ち、アマレクに属するものは一切、滅ぼし尽くせ。男も女も、子供も乳飲み子も、牛も羊も、らくだもろばも撃ち殺せ。容赦してはならない」という神の言葉を告げる。南アフリカ共和国が国際司法裁判所に提出した訴状では、イスラエル軍兵士がアマレク人をパレスチナ人に見立てた歌を合唱しているビデオ映像が、ガザにおける軍事作戦にジェノサイドの意図がある証拠の一つとされている。「ガザに無実の者はいない」という言葉はヘルツォーク大統領(訳注(44))の発言として拡散されたもの。

(56)　預言者サムエルの時代にイスラエルの民は王を求めサウルが王とされる。サムエルによってサウルの後継者とされたダビデは、少年の身ながらペリシテ人の勇士である巨人ゴリアテと単身対決し、紐を用いた投石によって倒す(サムエル記上、17)。「ペリシテ」は「フィリスティア」(パレスチナ)の語源で、ペリシテ人はパレスチナ人の祖先とみなされることもある。

(57)　士師記(13―16)に登場する怪力無双のユダヤ人。ペリシテ人を多数殺害した後、二〇年間士師としてイスラエルで裁きを行う。しかし、妻デリラが秘密を漏らしたため力の源泉だった髪を切られてペリシテ人に捕えられ、目を潰されて粉挽場で働かされる。ペリシテ人群衆の見世物にされた彼は神に祈って力を回復し、二本の柱を倒して建物を崩壊させ、ペリシテ人群衆とともに死ぬ。

(58)　二〇二三年一二月一五日にガザ市東部で起きた事件。責任の所在をめぐりイスラエルで論争が続いている。

(59)　一八四五年、インドのベナレスに生まれる。英国国教会牧師。テオドール・ヘルツル(訳注(31))の『ユダヤ人国家』の出版直後に著者と出会い、バルフォア卿に紹介するなど初期の政治的シオニズム運動を支援した。一九三一年没。

(60) 一九五四年、エルサレムに生まれる。ラジオ作家としてデビューしたのち小説に転じる。『黄色い風』(一九八七年)で占領下パレスチナ人の苦悩を描く。

(61) 一九二八年、委任統治期パレスチナのクファル・マラルに生まれる。父はロシア、母はベラルーシの出身。一九二〇年にパレスチナ移住。一九四八年からすべての戦争に参加、軍人として名を上げる。一九八二年、国防大臣としてイスラエルのレバノン侵攻を指揮。サブラ・シャティーラのパレスチナ人民間人虐殺の責任を問われる。二〇〇〇年九月、当時野党のリクード党党首だったシャロンは東エルサレムの神殿の丘を電撃訪問、第二次インティファーダのきっかけを作る。二〇〇一年から二〇〇六年まで首相。ヨルダン川西岸地区で分離壁の建設を進めるとともに二〇〇五年にはガザの入植地を撤去。パレスチナ自治区分断のきっかけを作る。二〇一四年没。

(62) ドイツ領南西アフリカ(一八八四―一九一五年。現ナミビア共和国)で一九〇四年から一九〇八年にかけて、ヘレロ人、ナマ人の蜂起に対し、ドイツは本国から軍隊を派遣して鎮圧した。この過程でドイツ軍はヘレロ人を名指して「絶滅」を図り、ナマ人のゲリラを強制収容所に閉じ込めて植民地政府やドイツ企業のために強制的に働かせ、ヘレロの女性たちを性奴隷にした。ヘレロ人の八〇%、ナマ人の五〇%から六〇%に相当する、七万人以上が命を落とした。ドイツ政府は二〇二一年、この虐殺を正式にジェノサイドと認め、被害者の子孫、ナミビア政府、ドイツ政府の間で謝罪と補償をめぐる交渉が継続している。

(63) 「一九四一年九月二二日レニングラード市破壊に関するドイツ海軍参謀長の指令」ロシア連邦国立公文書館(GARF)、**ф.** 7445, **оп.** 2, **д.** 166, **лл.** 312-314, ドイツ語から翻訳。

(64) 一九五七年九月二五日にアーカンソー州で起きた「リトルロック学校事件」。リトルロック・セントラル高校は一九五四年五月一七日のブラウン判決を受けて翌年分離撤廃を決定。八〇人の転入希望者が九人に絞られたうえ、一九五七年度から融合教育の開始が予定されていた。しかし、アーカンソー州のフォーバス知事は同校生徒の保護者の反対を受け、暴動防止を名目にアフロ・アメリカン生徒の登校を阻止するために州兵を派遺。これに対しリトルロック市の市長が大統領に要請して連邦陸軍が派遣された。リトルロック市の全高校で人種融合が実現したのは一九七二年。

(65) 一九五八年、ジャッファに生まれる。両親はポーランド系移民。母はホロコースト生存者。イスラエル海軍でキャリアを積み、二〇一五年に政界入り。リクード所属。二〇二二年から現職。引用された発言のビデオ映像はジェノサイドの意図を示す証拠として国際司法裁判所に提出された。国際刑事裁判所に戦争犯罪で逮捕状が請求されている。

(66) 一九七五年、テルアビブ東近郊のブネイ・ブラクに生まれる。

(67) 一九七九年、エルサレムで代々のラビの家系に生まれる。「ユダヤの力」所属。エルサレム問題・文化遺産相。核兵器に関する発言は二〇二三年一一月五日。現在職務停止処分中。ヨルダン川西岸のリモニム入植地在住。

(68) 南アフリカの国際司法裁判所への提訴文書の日本語訳(非公式)は下記のサイトで入手可能。
https://www.jca.apc.org/jca-net/sites/default/files/2024-05/20231229south_africa_application.pdf

(69) 一九一三年、マルチニックのバス＝ポワントに生まれる。一九三〇年代からフランス植民地主義の同化政策を批判して「ネグリチュード(黒人性)」の尊厳回復を追求。詩『祖国復帰ノート』、戯曲『コンゴの一季節』他の文学作品は反植民地文学の古典。政治家としてもマルチニック選出国会議員、フォール・ド・フランス市長として長年活躍した。二〇〇八年没。

訳者あとがき

本書はYakov Rabkin, *Israël et la Palestine : Rejets de la colonisation sioniste au nom du judaïsme*,（Editions i, 2024）の日本語訳です。原著は昨年一〇月七日のパレスチナ人武装勢力による越境攻撃とそれに対するイスラエル軍の報復軍事作戦のなかで、またたく間に膨大な命が失われていく無残な状況を前に、著者が緊急に執筆を開始し今年四月に刊行されました。最初に著者の略歴を記します。

ヤコヴ・M・ラブキン（一九四五年、旧ソ連生まれ。カナダ国籍）。レニングラード大学で化学を、またモスクワのソ連科学アカデミーで科学史を学んだ後、一九七三年にソ連を出国。数カ月イスラエルで過ごした後、カナダ・モントリオールに居を定め、まずモントリオール大学の科学史および科学社会政治学研究所に在籍、後に同大学歴史学科教授。歴史家として、また公共的な知識人として、科学と政治、科学と宗教の間の、また科学史とテクノロジーの間の相互関係に関する著作活動を行い、何冊もの書籍、一〇〇を超える学術論文の著者であるとともに、多くの国の雑誌、新聞、ラジオ、テレビで、また電子メディアで、国際政治を分析してきた。ユダヤ教、シオニズムおよびイスラエルに関する業績はとりわけよく知られ、多くの言語で出版されている。一九七〇年代末からモントリオール、パリおよびエルサレムのラビの指導の下でユダヤ教のさまざまな面の研究に従事、ユダヤ教の伝統に則った生活様式に入る。五人の子供の父。

主著『トーラーの名において——シオニズムに対するユダヤ教の抵抗の歴史』(*Au nom de la Torah : Une histoire de l'opposition juive au sionisme*, Presses de l'université Laval, 2004)は長年ユダヤ人の間で多数意見だった、宗教的ユダヤ人によるシオニズムへの反対の歴史と諸理由を分析した著作で、「反シオニズム＝反ユダヤ主義」という等式の批判を意図したものです。また『イスラエルとは何か』(*Comprendre l'État d'Israël : Idéologie, religion et société*, Écosociété, 2014)では、イスラエルという国家、社会の特殊な性格が詳細に解明されています。この二冊の著作にはすでに優れた日本語訳があります(いずれも菅野賢治氏訳、平凡社刊)。

前者の出版時には著者の来日が実現し、一連の講演を通して読者、研究者と親しく交流して大きなインパクトを残しました。それまで日本で知られてきたユダヤ人によるシオニズム批判は、主として非宗教的な立場からなされたものでした。ユダヤ教超正統派ネトレイ・カルタの信徒たちが、イスラエル国家不承認の立場を貫いていることは知られていても、イスラエル外の世界各地(いわゆるディアスポラ)のユダヤ教徒大衆のイスラエル国家観は、パレスチナ問題に関心を寄せてきた人々にとってもある種の死角になっていました。それには「宗教」、とりわけユダヤ教に関する認識不足、人的・知的な交流関係の狭さ、シオニズムの歴史の一面的な理解など、複合的な要因があったと考えられます。

本書では前著『イスラエルとは何か』に続き、パレスチナ自治区に対するイスラエル国家の占領政策がなぜ苛酷を極めるのかという、世界で広く共有されている疑問、驚き、憤りに応える形で、シオニズムの考古学ともいうべきものが粗描されています。同時に、イスラエルの行動に対する怒りがユダヤ人全体に向かうことがないよう、ユダヤ史では圧倒的な長期間、ユダヤ人が自力で「聖地」に「帰還」することは厳重に禁じられてきた事実を強調して、反ユダヤ主義の再燃を未然に防ぐという目的も持っています。翻ってそのことが、イスラエルを批判すればたちまち「反ユダヤ主義者」というレッテルを貼られかねない、イスラエルおよび西側諸国における作為的な混同の根を断つことにもつながります。

崩壊するシオニズム神話

冒頭早々、イスラエル初代首相のベン＝グリオンが、一九二〇年代にはパレスチナ人農民を聖書時代のヘブライ人の子孫と考えていたことが取り上げられています。シオニズムはユダヤ人が皆「聖地」にルーツを持ち、だからこそイスラエル国の市民となる「帰還」の権利があると主張してきました。しかし、シュロモー・サンドの『ユダヤ人の起源』以来、現代のユダヤ人の大半は改宗者の子孫であることが定説化しています。

続いて、ユダヤ人を「聖地」に「帰還」させるという思想は一七世紀から、キリスト教プロテスタンティズム福音派のなかに現れていたことが指摘されます。欧米諸国のイスラエル加担が、キリスト教シオニズムの歴史と通底していることも、この間、綿密な研究によって裏づけられてきました。

また、イスラエル建国時のパレスチナ人の都市や農村の大規模な破壊、八〇万人以上と言われる住民の難民化は、アラブ諸国がパレスチナ分割決議の受け入れを拒否したために起きた止むを得ない悲劇だったのではなく、シオニスト組織が周到に計画した民族浄化作戦の結果だったことが、パレスチナ人やイスラエル人の歴史家の手で実証されてきました。

宗教学者、歴史家としての著者の仕事は、近年次々に現れた以上のような画期的な研究と呼応しつつ、ユダヤ教の伝統的な立場、思想、倫理が、イスラエルの国教と言うべき「国民ユダヤ教」とは対極的なものであることを明らかにして、ヘブライ国家が世界のユダヤ人を代表するという主張に決定的な批判を加えました。

暴力の系譜

イスラエル国家の暴力性は、どんな国家にも内在する暴力性一般には還元できません。なぜなら同質の暴力が、政治的シオニズム運動によって、国家樹立のはるか以前からすでに行使されていたからです。この点で、著者がロシアの出身であることは重要です。

「ヨーロッパの遺産――暴力と無力」の章で著者は、二〇世紀初頭にロシア、ポーランド、ウクライナで猖獗《しょうけつ》を極めたポグロムのために、怒りに燃えたユダヤ人青年が非合法の革命運動に接近し、政治的暴力を肯定する思想を内面化していった事情を強調しています。現在のイスラエル国家は自衛権の名のもとに無制限の暴力の行使を正当化していますが、その政治思想の源流はロシアの革命運動やスターリニズム、ファシズムなどと同じ歴史的土壌に由来していることになります。

当時ヨーロッパ・ユダヤ人の間でごく少数派だったシオニズムの暴力が、思想を異にするユダヤ人にまず向けられたことはある意味で必然でした。「ユダヤ教の拒絶と新しい人間の形成」の章で述べられているように、シオニストによる最初の暗殺の犠牲者は、オランダ・ユダヤ人の弁護士ヤコブ・デ・ハーンでした。彼はシオニズムに反対する活動をしたために殺されました。一九二四年、ちょうど一〇〇年前の事件です。デ・ハーンはパレスチナ移住前、オランダで新進作家として活躍していました。同性愛的なエロティシズムを大胆に表現した作品でも知られ、今日オランダでは同性愛者解放運動の先駆者として尊敬を集めています。今年（二〇二四年）七月三一日にハマースの最高幹部イスマイール・ハニーヤがイランの首都テヘランで暗殺されましたが、今こそシオニズム一〇〇年の暗殺の歴史がたどり直されなければならないでしょう。

神から民族へ

ユダヤ教とその歴史の理解にとって大切な事柄が、本書には簡潔ながら、豊かな学識に裏打ちされた深い含蓄をもって記されています。またユダヤ人の歴史のなかでイスラエル国家の樹立が、どのような断絶を意味したかが詳細に説明されています。

キリスト教暦七〇年のローマ帝国によるエルサレム第二神殿の破壊は、神殿祭儀を中心としたそれまでの共同体の営みの終わり、すなわち〈追放〉時代の始まりを意味しました。トーラー（モーセ五書）の解釈が〈追放〉時代のユダヤ人の共同生活を律するようになり、祭司に代わってラビ（律法学者）に導かれたユダヤ教が形成されていきました。著者はこのラビ・ユダヤ教の伝統が今も生きていること、その教えがユダヤ教徒大衆の思想と感性を形成していることを強調します。現在世界各地で多くのユダヤ人が、ガザの即時停戦、占領の終結、パレスチナの解放を求めてイスラエル批判を強めていますが、その背景にユダヤ教の伝統とシオニズムの間の元々の対立の深さを認めることを本書は教えてくれます。

シオニズムがもたらした断絶の意味を正確に理解することはかならずしも容易ではありません。この点で私が目を開かれたのは、ハンナ・アーレントのある証言でした。アーレントとシオニズムの関係は時期によってかなりの変動がありますが、本書では入植植民地国家としてのイスラエルの行末を、建国の時点で見通していた慧眼の持ち主として、肯定的に参照されています。

イスラエル建国後間もない時期、アーレントは当時外務大臣だったゴルダ・メイア（一八九八―一九七八、後に首相）と会見しました。そのときの印象を、後年彼女はゲルショム・ショーレム宛の手紙のなかで明かしています。

その人物〔ゴルダ・メイア〕はイスラエルにおける宗教と国家の不可分性を――わたしの考えでは命取りとなるようなことを――擁護していました。（……）「わたしが社会主義者としてもちろん神を信じていないことはおわかりだろう。わたしはユダヤ民族を信じているのだ」。わたしはこれをひどい発言だと思い、あまりにもあきれ返ってしまったために、そのときはなにも答えませんでした。けれどわたしはこのようにいうこともできたでしょう。この民族の偉大さはかつて神を信じていたことに、しかも神にたいする信頼と愛が神への怖れを上回るような仕方で信じていたことにあった。それがいまこの民族が自分自身しか信じていないとは？　そこからどんな善が生じうるというのか？（「アイヒマン論争」、『アイヒマン論争――ユダヤ論集2』、矢野久美子訳、みすず書房、二〇一三年、三一八頁）

シオニスト主流派の思想がどのようなものか、アーレントがこの会見以前には実地には知らなかったことがこの驚き方から分かります。「パレスチナ人に対するシオニスト国家の態度」の章で著者は、初期のシオニストの大半がロシア・東欧の「世俗的ユダヤ人」だったことを指摘しています。ドイツ・ユダヤ人のアーレントは、東方ユダヤ人の無神論者たちが神の代わりに民族を信じることにしたとき起きた事態の深刻さに、それまで十分気づいていなかったわけです。建国直後にこの国家の地政学的な袋小路を見抜いていた彼女は、このとき初めて、ユダヤ・ナショナリズムが陥った精神的な袋小路を理解したことになるでしょう。

イスラエルと国際規範

神から民族への信仰対象のこの転換の際にシオニズムが依拠した民族概念は、同時代の中・東欧で台頭していた種族的ナショナリズムでした。ナショナリズムの根拠として、大きく〈エトノス〉と〈デモス〉の相違を考えることができます。後者が血統、言語、文化、歴史の違いを超えて、現在の社会契約への平等な参与を通して未来のプロジェクトを共有する新たな民衆の形成を目指すのに対し、前者は排他的な血族共同体を社会の基体とみなし、その統一の理想を大抵の場合神話的な過去の起源に求めます。日本の国家も、戦前戦後を通じて、種族的な国民観を維持してきました。

「一〇月七日の攻撃に至るまで」の章で強調されているように、かつて主流派だったシオニズム左派と、現在の支配勢力であるシオニズム右派の間に、民族観のレベルで大きな違いはありません。イスラエルを国際法上の例外と認めさせるために全力を傾ける姿勢は、パレスチナ難民の帰還権を確認した国連総会決議一九四号を、初代首相ベン＝グリオンが拒絶したときから一貫しています。一九二〇年代初め、シオニスト大会でマルティン・ブーバーが次のような論陣を張ったとき、彼が対決していたのは後にイスラエルの左派を形成し、ほぼ三〇年間この国を統治することになる人々でした。

正当なナショナリズムと不当なナショナリズムとのあいだに境界線を引き、数々の状況と決断の流れのなかで日々新たにこの境界線を引き直すこと、これは民族《フォルク》に属する思慮分別のある人物全員の課題です。（……）しかしながら、境界線引きを誘導するべき基準を、ナショナリズムはみずからの内部から引き出すことはできません。この基準は、ネーションが有するネーションを超えた責任を知ることからしか導き出されないのです。ネーションを究極のもの、究極の現実性、究極の審級とみなす者たち、民族《フォルク》の途方もない多様性を超えて、ある権威――それに何か名前が付されているにせよそうでないにせよ――が存在し、そのような権威を前にして、個人も共同体もその現存在の様式を通じて自己を正当化しなければならないなどとは考えない者たち、彼らは、たとえ境界線を引こうと努めたとしても、どのようにそれを始めてよいのかわからないでしょう。（「ナショナリズム」、『ひとつの土地にふたつの民』、合田正人訳、みすず書房、二〇〇六年、二四―二五頁、訳文一部変更）

イスラエルは国連決議から誕生した国ですが、そのイスラエルが国連に対して示す敵意の激しさには驚かされます。ガザでは多数の国連職員が殺されています。このような国家がどのように形成されたのか、本書を通じて私たちは、その思想的、歴史的背景を深く知ることができるでしょう。イスラエルが国際規範を受け入れるためには、この国家が前提とする民族観のレベルで根本的な変化が生じなければなりません。その変化の鍵はユダヤ教の伝統のなかにある――それが本書の著者の力強いメッセージなのです。

著者は第二次世界大戦が終結を迎えた年に、サンクトペテルブルクに、この街がレニングラードという名前だった時代に生まれました。レニングラード封鎖の記憶は、著者の幼年期にはまだ生々しいものだったでしょう。

レニングラードとガザ――植民地主義とヨーロッパの責任

ガザとレニングラードの封鎖の比較が意味を持つのは、著者によれば、この二つの戦争がいずれも植民地主義的な意図から出た、民族浄化のための絶滅戦争だからです。ナチスはユダヤ人だけを絶滅させようとしたのではありません。ロマ民族、精神「障害」者、同性愛者、共産主義者も絶滅の対象でした。そしてソ連人は共産主義者としても、ヨーロッパ文明とは異質な、野蛮で「アジア的」なスラブ民族としても、ドイツの「生存圏」であるべき土地から一掃されなくてはならない異物でした。

しかし、レニングラード封鎖の責任をナチスだけに負わせることはできません。この作戦にはドイツ以外にフィンランド、イタリア、スペイン、ノルウェイが参加していましたし、独ソ戦にはさらに多くの国のヨーロッパ人が加わっていました。独ソ戦が大陸ヨーロッパのほとんど全体が参加した侵略戦争だったことは、今日まったくと言っていいほど想起されません。この同じヨーロッパが米国とともに、今イスラエルを支え、ジェノサイドに加担しているのです。

エメ・セゼールの『植民地主義論』からの引用で著者は本書を締めています。フランスのカリブ海植民地マルチニックに生まれたセゼールは、ナチスがヨーロッパで行った蛮行は、ヨーロッパが植民地で行ってきた蛮行となんら違わないことを一九五〇年代に喝破しました。パレスチナ人は侵略されている側なのに、なぜ「テロリズム」「反ユダヤ主義」という非難を浴び続けなければならないのでしょう。この不条理は、ヨーロッパの植民地主義がいまだ未解決であることと表裏の関係にあります。

ナチスにすべての罪を負わせると同時にその犯罪に序列をつけ、ユダヤ人の犠牲のみを強調して自らの責任を棚上げにしたヨーロッパの欺瞞性が、著者にはことのほかよく見通せているのでしょう。

本書を翻訳する機会は信州イスラーム世界勉強会などでお世話になっている板垣雄三先生のお勧めによって与えられました。この作業を通じて非常に多くの有意義な勉強をさせていただきました。岩波書店の編集、校正、渉外担当の皆さんは緊急出版のための短期集中作業を周到にアシストして下さいました。そして著者のヤコヴ・ラブキン先生からは、細かい質問に対し、即座に丁寧なお答えをいただきました。記して感謝を捧げます。

本書がパレスチナの惨状に日々胸を痛め、一〇〇年を超えるこの紛争に公正な解決がもたらされることを希求する、多くの読者に出会えることを願って止みません。

二〇二四年八月二六日

鵜飼　哲

ヤコヴ・ラブキン(Yakov Rabkin)
1945年，旧ソ連生まれ．レニングラード大学で化学を，モスクワの科学アカデミーで科学史を学んだ後，1973年にソ連を出国．数カ月をイスラエルで過ごした後，カナダ・モントリオールに居を定め，モントリオール大学の科学史および科学社会政治学研究所に在籍，後に同大学歴史学科教授．科学と政治，科学と宗教の間の，また科学史とテクノロジーの間の相互関係に関する著作活動を行うとともに，ユダヤ教，シオニズムおよびイスラエルに関する業績はとりわけよく知られ，多くの言語で出版されている．著書に『トーラーの名において——シオニズムに対するユダヤ教の抵抗の歴史』(平凡社，2010年，平凡社ライブラリーで再刊予定)，『イスラエルとは何か』(平凡社新書，2012年)などがある．

鵜飼 哲
1955年生まれ．京都大学大学院文学研究科博士課程単位取得退学．一橋大学名誉教授．専門はフランス文学・思想．著書に『いくつもの砂漠，いくつもの夜——災厄の時代の喪と批評』(みすず書房，2023年)，『テロルはどこから到来したか——その政治的主体と思想』(インパクト出版会，2020年)，『主権のかなたで』(岩波書店，2008年)，訳書にジャック・デリダ『動物を追う，ゆえに私は(動物で)ある』(ちくま学芸文庫，2023年)など．

イスラエルとパレスチナ
—ユダヤ教は植民地支配を拒絶する
ヤコヴ・ラブキン　岩波ブックレット 1099

2024年10月4日　第1刷発行
2025年1月27日　第5刷発行

訳 者　鵜《う》飼《かい》 哲《さとし》

発行者　坂本政謙

発行所　株式会社 岩波書店
〒101-8002 東京都千代田区一ツ橋 2-5-5
電話案内 03-5210-4000　営業部 03-5210-4111
https://www.iwanami.co.jp/booklet/

印刷・製本　法令印刷　　装丁　副田高行　　表紙イラスト　藤原ヒロコ

ISBN 978-4-00-271099-0　　Printed in Japan